GRöLS Verlage

„Bücher sind wie Fallschirme. Sie nützen uns nichts, wenn wir sie nicht öffnen.“

Gröls Verlag

Redaktionelle Hinweise und Impressum

Das vorliegende Werk wurde zugunsten der Authentizität sehr zurückhaltend bearbeitet. So wurden etwa ursprüngliche Rechtschreibfehler *nicht* systematisch behoben, denn kleine Unvollkommenheiten machen das Buch – wie im Übrigen den Menschen – erst authentisch. Mitunter wurden jedoch zum Beispiel Absätze behutsam neu getrennt, um den Lesefluss zu erleichtern.

Um die Texte zu rekonstruieren, werden antiquarische Bücher von Lesegeräten gescannt und dann durch eine Software lesbar gemacht. Der so entstandene Text wird von Menschen gegengelesen und korrigiert – hierbei treten auch Fehler auf. Wenn Sie ebenfalls antiquarische Texte einreichen möchten, finden Sie weitere Informationen auf www.groels.de

Viel Freude bei der Lektüre wünscht Ihnen das Team des Gröls-Verlags.

Adressen

Verleger: Sophia Gröls, Im Borngrund 26, 61440 Oberursel

Externer Dienstleister für Distribution & Herstellung: BoD, In de Tarpen 42, 22848 Norderstedt

Unsere „Edition | Werke der Weltliteratur" hat den Anspruch, eine der größten und vollständigsten Sammlungen klassischer Literatur in deutscher Sprache zu sein. Nach und nach versammeln wir hier nicht nur die „üblichen Verdächtigen" von Goethe bis Schiller, sondern auch Kleinode der vergangenen Jahrhunderte, die – zu Unrecht – drohen, in Vergessenheit zu geraten. Wir kultivieren und kuratieren damit einen der wertvollsten Bereiche der abendländischen Kultur. Kleine Auswahl:

Francis Bacon • Neues Organon • **Balzac** • Glanz und Elend der Kurtisanen • **Joachim H. Campe** • Robinson der Jüngere • **Dante Alighieri** • Die Göttliche Komödie • **Daniel Defoe** • Robinson Crusoe • **Charles Dickens** • Oliver Twist • **Denis Diderot** • Jacques der Fatalist • **Fjodor Dostojewski** • Schuld und Sühne • **Arthur Conan Doyle** • Der Hund von Baskerville • **Marie von Ebner-Eschenbach** • Das Gemeindekind • **Elisabeth von Österreich** • Das Poetische Tagebuch • **Friedrich Engels** • Die Lage der arbeitenden Klasse • **Ludwig Feuerbach** • Das Wesen des Christentums • **Johann G. Fichte** • Reden an die deutsche Nation • **Fitzgerald** • Zärtlich ist die Nacht • **Flaubert** • Madame Bovary • **Gorch Fock** • Seefahrt ist not! • **Theodor Fontane** • Effi Briest • **Robert Musil** • Über die Dummheit • **Edgar Wallace** • Der Frosch mit der Maske • **Jakob Wassermann** • Der Fall Maurizius • **Oscar Wilde** • Das Bildnis des Dorian Grey • **Émile Zola** • Germinal • **Stefan Zweig** • Schachnovelle • **Hugo von Hofmannsthal** • Der Tor und der Tod • **Anton Tschechow** • Ein Heiratsantrag • **Arthur Schnitzler** • Reigen • **Friedrich Schiller** • Kabale und Liebe • **Nicolo Machiavelli** • Der Fürst • **Gotthold E. Lessing** • Nathan der Weise • **Augustinus** • Die Bekenntnisse des heiligen Augustinus • **Marcus Aurelius** • Selbstbetrachtungen • **Charles Baudelaire** • Die Blumen des Bösen • **Harriett Stowe** • Onkel Toms Hütte • **Walter Benjamin** • Deutsche Menschen • **Hugo Bettauer** • Die Stadt ohne Juden • **Lewis Caroll** • *und viele mehr….*

Wilhelm Hauff

Märchen-Almanach auf das Jahr 1828

Inhalt

*

Vor vielen Jahren, als im Spessart die Wege noch schlecht und nicht so häufig als jetzt befahren waren, zogen zwei junge Burschen durch diesen Wald. Der eine mochte achtzehn Jahre alt sein und war ein Zirkelschmied, der andere, ein Goldarbeiter, konnte nach seinem Aussehen kaum sechzehn Jahre haben und tat wohl jetzt eben seine erste Reise in die Welt. Der Abend war schon heraufgekommen, und die Schatten der riesengroßen Fichten und Buchen verfinsterten den schmalen Weg, auf dem die beiden wanderten. Der Zirkelschmied schritt wacker vorwärts und pfiff ein Lied, schwatzte auch zuweilen mit Munter, seinem Hund, und schien sich nicht viel darum zu kümmern, daß die Nacht nicht mehr fern, desto ferner aber die nächste Herberge sei; aber Felix, der Goldarbeiter, sah sich oft ängstlich um. Wenn der Wind durch die Bäume rauschte, so war es ihm, als höre er Tritte hinter sich; wenn das Gesträuch am Wege hin und her wankte und sich teilte, glaubte er Gesichter hinter den Büschen lauern zu sehen.

Der junge Goldschmied war sonst nicht abergläubisch oder mutlos. In Würzburg, wo er gelernt hatte, galt er unter seinen Kameraden für einen unerschrockenen Burschen, dem das Herz am rechten Fleck sitze; aber heute war ihm doch sonderbar zumute. Man hatte ihm vom Spessart so mancherlei erzählt; eine große Räuberbande sollte dort ihr Wesen treiben, viele Reisende waren in den letzten Wochen geplündert worden, ja man sprach sogar von einigen greulichen Mordgeschichten, die vor nicht langer Zeit dort vorgefallen seien. Da war ihm nun doch etwas bange für sein Leben, denn sie waren ja nur zu zweit und konnten gegen bewaffnete Räuber gar wenig ausrichten. Oft gereute es ihn, daß er dem Zirkelschmied gefolgt war, noch eine Station zu gehen, statt am Eingang des Waldes über Nacht zu bleiben.

„Und wenn ich heute nacht totgeschlagen werde und um Leben und alles komme, was ich bei mir habe, so ist's nur deine Schuld, Zirkelschmied; denn du hast mich in den schrecklichen Wald hereingeschwätzt.“

„Sei kein Hasenfuß“, erwiderte der andere, „ein rechter Handwerksbursche soll sich eigentlich gar nicht fürchten. Und was meinst du denn? Meinst du, die Herren Räuber im Spessart werden uns die Ehre antun, uns zu überfallen und totzuschlagen? Warum sollten sie sich diese Mühe geben? Etwa wegen meines Sonntagsrocks, den ich im Ranzen habe, oder wegen des Zehrpfennigs von einem Taler? Da muß man schon mit Vieren fahren, in Gold und Seide gekleidet sein, wenn sie es der Mühe wert finden, einen totzuschlagen.“

„Halt! Hörst du nicht etwas pfeifen im Wald?“ rief Felix ängstlich.

„Das war der Wind, der um die Bäume pfeift, geh nur rasch vorwärts, lange kann es nicht mehr dauern.“

„Ja, du hast gut reden wegen des Totschlagens“, fuhr der Goldarbeiter fort. „Dich fragen sie, was du hast, durchsuchen dich und nehmen dir allenfalls den Sonntagsrock und den Gulden und dreißig Kreuzer; aber mich, mich schlagen sie gleich anfangs tot, nur weil ich Gold und Geschmeide mit mir führe. „

„Ei, warum sollten sie dich totschlagen deswegen? Kämen jetzt vier oder fünf dort aus dem Busch mit geladenen Büchsen, die sie auf uns anlegten, und fragten ganz höflich: "Ihr Herren, was habt ihr bei euch?" und "Machet es euch bequem, wir wollen's euch tragen helfen", und was dergleichen anmutige Redensarten sind; da wärest du wohl kein Tor, machtest dein Ränzchen auf und legtest die gelbe Weste, den blauen Rock, zwei Hemden und alle Halsbänder und Armbänder und Kämme, und was du sonst noch hast, höflich auf die Erde und bedanktest dich fürs Leben, das sie dir schenkten.“

„So, meinst du“, entgegnete Felix sehr eifrig, „den Schmuck für meine Frau Pate, die vornehme Gräfin, soll ich hergeben? Eher mein Leben; eher laß ich mich in kleine Stücke zerschneiden. Hat sie nicht Mutterstelle an mir vertreten und seit meinem zehnten Jahr mich aufziehen lassen? Hat sie nicht die Lehre für mich bezahlt und Kleider und alles? Und jetzt, da ich sie besuchen darf und etwas mitbringe von meiner eigenen Arbeit, das sie beim Meister bestellt hat, jetzt, da ich ihr an dem schönen Geschmeide zeigen könnte, was ich gelernt habe, jetzt soll ich das alles hergeben und die gelbe Weste dazu, die ich auch von ihr habe? Nein, lieber sterben, als daß ich den schlechten Menschen meiner Frau Pate Geschmeide gebe!"

„Sei kein Narr!" rief der Zirkelschmied. „Wenn sie dich totschlagen, bekommt die Frau Gräfin den Schmuck dennoch nicht. Drum ist es besser, du gibst ihn her und erhältst dein Leben."

Felix antwortete nicht; die Nacht war jetzt ganz heraufgekommen, und bei dem ungewissen Schein des Neumonds konnte man kaum auf fünf Schritte vor sich sehen; er wurde immer ängstlicher, hielt sich näher an seinen Kameraden und war mit sich uneinig, ob er seine Reden und Beweise billigen sollte oder nicht. Noch eine Stunde beinahe waren sie fortgegangen, da erblickten sie in der Ferne ein Licht. Der junge Goldschmied meinte aber, man dürfe nicht trauen, vielleicht könnte es ein Räuberhaus sein, aber der Zirkelschmied belehrte ihn, daß die Räuber ihre Häuser oder Höhlen unter der Erde haben, und dies müsse das Wirtshaus sein, das ihnen ein Mann am Eingang des Waldes beschrieben.

Es war ein langes, aber niedriges Haus, ein Karren stand davor, und nebenan im Stalle hörte man Pferde wiehern. Der Zirkelschmied winkte seinen Gesellen an ein Fenster, dessen Laden geöffnet waren. Sie konnten, wenn sie sich auf die Zehen stellten, die Stube übersehen. Am Ofen in einem Armstuhl schlief ein Mann, der seiner Kleidung nach ein Fuhrmann und wohl auch der Herr des Karrens vor der Türe sein konnte. An der andern Seite des Ofens saßen ein Weib und ein Mädchen und spannen; hinter dem Tisch an der Wand saß ein Mensch, der ein Glas Wein vor sich, den Kopf in die Hände gestützt hatte, so daß sie sein Gesicht nicht sehen konnten. Der Zirkelschmied aber wollte aus seiner Kleidung bemerken, daß es ein vornehmer Herr sein müsse.

Als sie so noch auf der Lauer standen, schlug ein Hund im Hause an. Munter, des Zirkelschmieds Hund, antwortete, und eine Magd erschien in der Türe und schaute nach den Fremden heraus.

Man versprach, ihnen Nachtessen und Betten geben zu können; sie traten ein und legten die schweren Bündel, Stock und Hut in die Ecke und setzten sich zu dem Herrn am Tische. Dieser richtete sich bei ihrem Gruße auf, und sie erblickten einen feinen jungen Mann, der ihnen freundlich für ihren Gruß dankte.

„Ihr seid spät auf der Bahn“, sagte er, „habt Ihr Euch nicht gefürchtet, in so dunkler Nacht durch den Spessart zu reisen? Ich für meinen Teil habe lieber mein Pferd in dieser Schenke eingestellt, als daß ich nur noch eine Stunde geritten wäre.“

„Da habt Ihr allerdings recht gehabt, Herr!“ erwiderte der Zirkelschmied. „Der Hufschlag eines schönen Pferdes ist Musik in den Ohren dieses Gesindels und lockt sie auf eine Stunde weit; aber wenn ein paar arme Burschen wie wir durch den Wald schleichen, Leute, welchen die Räuber eher selbst etwas schenken könnten, da heben sie keinen Fuß auf!“

„Das ist wohl wahr“, entgegnete der Fuhrmann, der, durch die Ankunft der Fremden erweckt, auch an den Tisch getreten war, „einem armen Mann können sie nicht viel anhaben seines Geldes willen; aber man hat Beispiele, daß sie arme Leute nur aus Mordlust niederstießen oder sie zwangen, unter die Bande zu treten und als Räuber zu dienen.“

„Nun, wenn es so aussieht mit diesen Leuten im Wald“, bemerkte der junge Goldschmied, „so wird uns wahrhaftig auch dieses Haus wenig Schutz gewähren. Wir sind nur zu viert und mit dem Hausknecht fünf; wenn es ihnen einfällt, zu zehnt uns zu überfallen, was können wir gegen sie? Und überdies“, setzte er leise und flüsternd hinzu, „wer steht uns dafür, daß diese Wirtsleute ehrlich sind?“

„Da hat es gute Wege“, erwiderte der Fuhrmann. „Ich kenne diese Wirtschaft seit mehr als zehn Jahren und habe nie etwas Unrechtes darin verspürt. Der Mann ist selten zu Hause, man sagt, er treibe Weinhandel; die Frau aber ist eine stille Frau, die niemand Böses will; nein, dieser tut Ihr unrecht, Herr!“

„Und doch“, nahm der junge vornehme Herr das Wort, „doch möchte ich nicht so ganz verwerfen, was er gesagt. Erinnert Euch an die Gerüchte von jenen Leuten, die in diesem Wald auf einmal spurlos verschwunden sind. Mehrere davon hatten vorher gesagt, sie würden in diesem Wirtshaus übernachten, und als man nach zwei oder drei Wochen nichts von ihnen vernahm, ihrem Weg nachforschte und auch hier im Wirtshaus nachfragte, da soll nun keiner gesehen worden sein; verdächtig ist es doch."

„Weiß Gott", rief der Zirkelschmied, „da handelten wir ja vernünftiger, wenn wir unter dem nächsten Baum unser Nachtlager nähmen als hier in diesen vier Wänden, wo an kein Entspringen zu denken ist, wenn sie einmal die Türe besetzt haben; denn die Fenster sind vergittert."

Sie waren alle durch diese Reden nachdenklich geworden. Es schien gar nicht unwahrscheinlich, daß die Schenke im Wald, sei es gezwungen oder freiwillig, im Einverständnis mit den Räubern war. Die Nacht schien ihnen daher gefährlich; denn wie manche Sage hatten sie gehört von Wanderern, die man im Schlaf überfallen und gemordet hatte; und sollte es auch nicht an ihr Leben gehen, so war doch ein Teil der Gäste in der Waldschenke von so beschränkten Mitteln, daß ihnen ein Raub an einem Teil ihrer Habe sehr empfindlich gewesen wäre. Sie schauten verdrießlich und düster in ihre Gläser. Der junge Herr wünschte, auf seinem Roß durch ein sicheres, offenes Tal zu traben, der Zirkelschmied wünschte sich zwölf seiner handfesten Kameraden, mit Knütteln bewaffnet, als Leibgarde, Felix, der Goldarbeiter, trug bange mehr um den Schmuck seiner Wohltäterin als um sein Leben; der Fuhrmann aber, der einigemal den Rauch seiner Pfeife nachdenklich vor sich hingeblasen, sprach leise: „Ihr Herren, im Schlaf wenigstens sollen sie uns nicht überfallen. Ich für meinen Teil will, wenn nur noch einer mit mir hält, die ganze Nacht wach bleiben."

„Das will ich auch" –; „ich auch", riefen die drei übrigen; „schlafen könnte ich doch nicht", setzte der junge Herr hinzu. „Nun, so wollen wir etwas treiben, daß wir wach bleiben", sagte der Fuhrmann, „ich denke, weil wir doch gerade zu viert sind, könnten wir Karten spielen, das hält wach und vertreibt die Zeit."

„Ich spiele niemals Karten“, erwiderte der junge Herr, „darum kann ich wenigstens nicht mithalten.“

„Und ich kenne die Karten gar nicht“, setzte Felix hinzu.

„Was können wir denn aber anfangen, wenn wir nicht spielen“, sprach der Zirkelschmied, „singen? Das geht nicht und würde nur das Gesindel herbeilocken; einander Rätsel und Sprüche aufgeben zum Erraten? Das dauert auch nicht lange. Wißt ihr was? Wie wäre es, wenn wir uns etwas erzählten? Lustig oder ernsthaft, wahr oder erdacht, es hält doch wach und vertreibt die Zeit so gut wie Kartenspiel.“

„Ich bin's zufrieden, wenn Ihr anfangen wolltet“, sagte der junge Herr lächelnd. „Ihr Herren vom Handwerk kommt in allen Ländern herum und könnet schon etwas erzählen; hat doch jede Stadt ihre eigenen Sagen und Geschichten.“

„Ja, ja, man hört manches“, erwiderte der Zirkelschmied, „dafür studieren Herren wie Ihr fleißig in den Büchern, wo gar wundervolle Sachen geschrieben stehen; da wüßtet Ihr noch Klügeres und Schöneres zu erzählen als ein schlichter Handwerksbursche wie unsereiner. Mich müßte alles trügen, oder Ihr seid ein Student, ein Gelehrter.“

„Ein Gelehrter nicht“, lächelte der junge Herr, „wohl aber ein Student und will in den Ferien nach der Heimat reisen; doch was in unsern Büchern steht, eignet sich weniger zum Erzählen, als was Ihr hier und dort gehöret. Darum hebet immer an, wenn anders diese da gerne zuhören!“

„Noch höher als Kartenspiel“, erwiderte der Fuhrmann, „gilt bei mir, wenn einer eine schöne Geschichte erzählt. Oft fahre ich auf der Landstraße lieber im elendesten Schritt und höre einem zu, der nebenhergeht und etwas Schönes erzählt; manchen habe ich schon im schlechten Wetter auf den Karren genommen, unter der Bedingung, daß er etwas erzähle, und einen Kameraden von mir habe ich, glaube ich, nur deswegen so lieb, weil er Geschichten weiß, die sieben Stunden lang und länger dauern.“

„So geht es auch mir", setzte der junge Goldarbeiter hinzu, „erzählen höre ich für mein Leben gerne, und mein Meister in Würzburg mußte mir die Bücher ordentlich verbieten, daß ich nicht zuviel Geschichten las und die Arbeit darüber vernachlässigte. Darum gib nur etwas Schönes preis, Zirkelschmied, ich weiß, du könntest erzählen von jetzt an, bis es Tag wird, ehe dein Vorrat ausginge."

Der Zirkelschmied trank, um sich zu seinem Vortrag zu stärken, und hub alsdann also an: Die Sage vom Hirschgulden

*

Die Sage vom Hirschgulden

In Oberschwaben stehen noch heutzutage die Mauern einer Burg, die einst die stattlichste der Gegend war, Hohenzollern. Sie erhebt sich auf einem runden, steilen Berg, und von ihrer schroffen Höhe sieht man weit und frei ins Land. So weit und noch viel weiter, als man diese Burg im Land umher sehen kann, ward das tapfere Geschlecht der Zollern gefürchtet, und ihren Namen kannte und ehrte man in allen deutschen Landen. Nun lebte vor vielen hundert Jahren, ich glaube, das Schießpulver war noch nicht einmal erfunden, auf dieser Feste ein Zollern, der von Natur ein sonderbarer Mensch war. Man konnte nicht sagen, daß er seine Untertanen hart gedrückt oder mit seinen Nachbarn in Fehde gelebt hätte, aber dennoch traute ihm niemand über den Weg ob seinem finsteren Auge, seiner krausen Stirne und seinem einsilbigen, mürrischen Wesen. Es gab wenige Leute außer dem Schloßgesinde, die ihn je hatten ordentlich sprechen hören wie andere Menschen, denn wenn er durch das Tal ritt, einer ihm begegnete und schnell die Mütze abnahm, sich hinstellte und sagte: „Guten Abend, Herr Graf, heute ist es schön Wetter", so antwortete er „dummes Zeug", oder „weiß schon". Hatte aber einer etwas nicht recht gemacht für ihn oder seine Rosse, begegnete ihm ein Bauer im Hohlweg mit dem Karren, daß er auf seinem Rappen nicht schnell genug vorüberkommen konnte, so entlud sich sein Ingrimm in einem Donner von Flüchen; doch hat man nie gehört, daß er bei solchen Gelegenheiten einen Bauern geschlagen hätte. In der Gegend aber hieß man ihn „das böse Wetter von Zollern".

„Das böse Wetter von Zollern" hatte eine Frau, die der Widerpart von ihm und so mild und freundlich war wie ein Maitag. Oft hatte sie Leute, die ihr Eheherr durch harte Reden beleidigt hatte, durch freundliche Worte und ihre gütigen Blicke wieder mit ihm ausgesöhnt; den Armen aber tat sie Gutes, wo sie konnte, und ließ es sich nicht verdrießen, sogar im heißen Sommer oder im schrecklichsten Schneegestöber den steilen Berg herabzugehen, um arme Leute oder kranke Kinder zu besuchen. Begegnete ihr auf solchen Wegen der Graf, so sagte er mürrisch: „Weiß schon, dummes Zeug".

Manch andere Frau hätte dieses mürrische Wesen abgeschreckt oder eingeschüchtert; die eine hätte gedacht, was gehen mich die armen Leute an, wenn mein Herr sie für dummes Zeug hält; die andere hätte vielleicht aus Stolz oder Unmut die Liebe gegen einen so mürrischen Gemahl erkalten lassen; doch nicht also Frau Hedwig von Zollern. Die liebte ihn nach wie vor, suchte mit ihrer schönen weißen Hand die Falten von seiner braunen Stirn zu streichen und liebte und ehrte ihn; als aber nach Jahr und Tag der Himmel ein junges Gräflein zum Angebinde bescherte, liebte sie ihren Gatten nicht minder, indem sie ihrem Söhnlein dennoch alle Pflichten einer zärtlichen Mutter erzeigte. Drei Jahre lang vergingen, und der Graf von Zollern sah seinen Sohn nur alle Sonntage nach Tische, wo er ihm von der Amme dargereicht wurde. Er blickte ihn dann unverwandt an, brummte etwas in den Bart und gab ihn der Amme zurück. Als jedoch der Kleine „Vater" sagen konnte, schenkte der Graf der Amme einen Gulden –; dem Kinde machte er kein fröhlicher Gesicht.

An seinem dritten Geburtstag aber ließ der Graf seinem Sohn die ersten Höslein anziehen und kleidete ihn prächtig in Samt und Seide; dann befahl er, seinen Rappen und ein anderes schönes Pferd vorzufahren, nahm den Kleinen auf den Arm und fing an, mit klirrenden Sporen die Wendeltreppe hinabzusteigen. Frau Hedwig erstaunte, als sie dies sah. Sie war sonst gewohnt, nicht zu fragen, wo aus und wann heim, wenn er ausritt; aber diesmal öffnete die Sorge um ihr Kind ihre Lippen. „Wollet Ihr ausreiten, Herr Graf?“ sprach sie. –; Er gab keine Antwort. „Wozu denn den Kleinen?“ fragte sie weiter. „Kuno wird mit mir spazierengehen.“

„Weiß schon“, entgegnete das böse Wetter von Zollern und ging weiter; und als er im Hof stand, nahm er den Knaben bei einem Füßlein, hob ihn schnell in den Sattel, band ihn mit einem Tuch fest, schwang sich selbst auf den Rappen und trabte zum Burgtore hinaus, indem er den Zügel vom Rosse seines Söhnleins in die Hand nahm.

Dem Kleinen schien es anfangs großes Vergnügen zu gewähren, mit dem Vater den Berg hinabzureiten. Er klopfte in die Hände, er lachte und schüttelte sein Rößlein an den Mähnen, damit es schneller laufen sollte, und der Graf hatte seine Freude daran, rief auch einigemal: „Kannst ein wackerer Bursche werden!“

Als sie aber in die Ebene angekommen waren und der Graf statt Schritt Trab anschlug, da vergingen dem Kleinen die Sinne; er bat anfangs ganz bescheiden, sein Vater möchte langsamer reiten, als es aber immer schneller ging und der heftige Wind dem armen Kuno beinahe den Atem nahm, da fing er an, still zu weinen, wurde immer ungeduldiger und schrie am Ende aus Leibeskräften.

„Weiß schon, dummes Zeug!“ fing jetzt sein Vater an. „Heult der Junge beim ersten Ritt; schweig oder – – „Doch den Augenblick, als er mit einem Fluche sein Söhnlein aufmuntern wollte, bäumte sich sein Roß; der Zügel des andern entfiel seiner Hand, er arbeitete sich ab, Meister seines Tieres zu werden, und als er es zur Ruhe gebracht hatte und sich ängstlich nach seinem Kind umsah, erblickte er dessen Pferd, wie es ledig und ohne den kleinen Reiter der Burg zulief.

So ein harter, finsterer Mann der Graf von Zollern sonst war, so überwand doch dieser Anblick sein Herz; er glaubte nicht anders, als sein Kind liege zerschmettert am Weg; er raufte sich den Bart und jammerte. Aber nirgends, so weit er zurückritt, sah er eine Spur von dem Knaben; schon stellte er sich vor, das scheu gewordene Roß habe ihn in einen Wassergraben geschleudert, der neben dem Wege lag. Da hörte er von einer Kinderstimme hinter sich seinen Namen rufen, und als er sich flugs umwandte –; sieh, da saß ein altes Weib unweit der Straße unter einem Baum und wiegte den Kleinen auf ihren Knien.

„Wie kommst du zu dem Knaben, alte Hexe?“ schrie der Graf in großem Zorn, „sogleich bringe ihn heran zu mir!“

„Nicht so rasch, nicht so rasch, Euer Gnaden!“ lachte die alte, häßliche Frau. „Könntet sonst auch ein Unglück nehmen auf Eurem stolzen Roß! Wie ich zu dem Junkerlein kam, fraget Ihr? Nun, sein Pferd ging durch, und er hing nur noch mit einem Füßchen angebunden, und das Haar streifte fast am Boden; da habe ich ihn aufgefangen in meiner Schürze.“

„Weiß schon!“ rief der Herr von Zollern unmutig, „gib ihn jetzt her; ich kann nicht wohl absteigen; das Roß ist wild und könnte ihn schlagen.“

„Schenket mir einen Hirschgulden!“ erwiderte die Frau, demütig bittend.

„Dummes Zeug!“ schrie der Graf und warf ihr einige Pfennige unter den Baum.

„Nein, einen Hirschgulden könnte ich gut brauchen“, fuhr sie fort.

„Was, Hirschgulden! Bist selbst keinen Hirschgulden wert“, eiferte der Graf. „Schnell das Kind her, oder ich hetze die Hunde auf dich!“

„So? Bin ich keinen Hirschgulden wert“, antwortete jene mit höhnischem Lächeln, „na, man wird ja sehen, *was von Eurem Erbe einen Hirschgulden* wert ist; aber da, die Pfennige behaltet für Euch!“ Indem sie dies sagte, warf sie die drei kleinen Kupferstücke dem Grafen zu, und so gut konnte die Alte werfen, daß alle drei ganz gerade in den kleinen Lederbeutel fielen, den der Graf noch in der Hand hielt.

Der Graf wußte einige Minuten vor Staunen über diese wunderbare Geschicklichkeit kein Wort hervorzubringen; endlich aber löste sich sein Staunen in Wut auf. Er faßte seine Büchse, spannte den Hahn und zielte dann auf die Alte. Diese herzte und küßte ganz ruhig den kleinen Grafen, indem sie ihn so vor sich hin hielt, daß ihn die Kugel zuerst hätte treffen müssen. „Bist ein guter, frommer Junge“, sprach sie, „bleibe nur so, und es wird dir nicht fehlen.“ Dann ließ sie ihn los, dräute dem Grafen mit dem Finger: „Zollern, Zollern, den Hirschgulden bleibt Ihr mir noch schuldig“, rief sie und schlich, unbekümmert um die Schimpfworte des Grafen, an einem Buchsbaumstäbchen in den Wald. Konrad, der Knappe, aber stieg zitternd von seinem Roß, hob das Herrlein in den Sattel, schwang sich hinter ihm auf und ritt seinem Gebieter nach, den Schloßberg hinauf.

Es war dies das erste- und letztemal gewesen, daß das böse Wetter von Zollern sein Söhnlein mitnahm zum Spazierenreiten; denn er hielt ihn, weil er geweint und geschrien, als die Pferde im Trab gingen, für einen weichlichen Jungen, aus dem nicht viel Gutes zu machen sei, sah ihn nur mit Unlust an, und so oft der Knabe, der seinen Vater herzlich liebte, schmeichelnd und freundlich zu seinen Knien kam, winkte er ihm, fortzugehen und rief: „Weiß schon, dummes Zeug!“ Frau Hedwig hatte alle bösen Launen ihres Gemahls gerne getragen; aber dieses unfreundliche Benehmen gegen das unschuldige Kind kränkte sie tief; sie erkrankte mehrere Male aus Schrecken, wenn der finstere Graf den Kleinen wegen irgendeines geringen Fehlers hart abgestraft hatte, und starb endlich in ihren besten Jahren, von ihrem Gesinde und der ganzen Umgegend, am schmerzlichsten aber von ihrem Sohn, beweint.

Von jetzt an wandte sich der Sinn des Grafen nur noch mehr von dem Kleinen ab; er gab ihn seiner Amme und dem Hauskaplan zur Erziehung und sah nicht viel nach ihm um, besonders, da er bald darauf wieder ein reiches Fräulein heiratete, die ihm nach Jahresfrist Zwillinge, zwei junge Gräflein, schenkte.

Kunos liebster Spaziergang war zu dem alten Weiblein, die ihm einst das Leben gerettet hatte. Sie erzählte ihm immer vieles von seiner verstorbenen Mutter, und wieviel Gutes diese an ihr getan habe. Die Knechte und Mägde warnten ihn oft, er solle nicht soviel zu der Frau Feldheimerin, so hieß die Alte, gehen, weil sie nichts mehr und nichts weniger als eine Hexe sei, aber der Kleine fürchtete sich nicht, denn der Schloßkaplan hatte ihn gelehrt, daß es keine Hexen gebe, und daß die Sage, daß gewisse Frauen zaubern können und auf der Ofengabel durch die Luft und auf den Brocken reiten, erlogen sei. Zwar sah er bei der Frau

Feldheimerin allerlei Dinge, die er nicht begreifen konnte; des Kunststückchens mit den drei Pfennigen, die sie seinem Vater so geschickt in den Beutel geworfen, erinnerte er sich noch ganz wohl, auch konnte sie allerhand künstliche Salben und Tränklein bereiten, womit sie Menschen und Vieh heilte, aber das war nicht wahr, was man ihr nachsagte, daß sie eine Wetterpfanne habe, und wenn sie diese über das Feuer hänge, komme ein schreckliches Donnerwetter. Sie lehrte den kleinen Grafen mancherlei, was ihm nützlich war, zum Beispiel allerlei Mittel für kranke Pferde, einen Trank gegen die Hundswut, eine Lockspeise für Fische und viele andere nützliche Sachen. Die Frau Feldheimerin war auch bald seine einzige Gesellschaft, denn seine Amme starb, und seine Stiefmutter kümmerte sich nicht um ihn.

Als seine Brüder nach und nach heranwuchsen, hatte Kuno ein noch traurigeres Leben als zuvor, sie hatten das Glück, beim ersten Ritt nicht vom Pferd zu stürzen, und das böse Wetter von Zollern hielt sie daher für ganz vernünftige und taugliche Jungen, liebte sie ausschließlich, ritt alle Tage mit ihnen aus und lehrte sie alles, was er selbst verstand. Da lernten sie aber nicht viel Gutes; Lesen und Schreiben konnte er selbst nicht, und seine beiden trefflichen Söhne sollten sich auch nicht die Zeit damit verderben; aber schon in ihrem zehnten Jahre konnten sie so gräßlich fluchen wie ihr Vater, fingen mit jedem Händel an, vertrugen sich unter sich selbst so schlecht wie ein Hund und Kater, und nur wenn sie gegen Kuno einen Streich verüben wollten, verbanden sie sich und wurden Freunde.

Ihrer Mutter machte dies nicht viel Kummer; denn sie hielt es für gesund und kräftig, wenn sich die Jungen balgten, aber dem alten Grafen sagte es eines Tags ein Diener, und der antwortete zwar: „Weiß schon, dummes Zeug!“, nahm sich aber dennoch vor, für die Zukunft auf ein Mittel zu sinnen, daß sich seine Söhne nicht gegenseitig totschlugen; denn die Drohung der Frau Feldheimerin, die er in seinem Herzen für eine ausgemachte Hexe hielt: „Na, man wird ja sehen, was von Eurem Erbe einen Hirschgulden wert ist“ –; lag ihm noch immer in seinem Sinn.

Eines Tages, da er in der Umgegend seines Schlosses jagte, fielen ihm zwei Berge ins Auge, die ihrer Form wegen wie zu Schlössern geschaffen schienen, und sogleich beschloß er auch, dort zu bauen. Er baute auf dem einen das Schloß Schalksberg, das er nach dem kleinern der Zwillinge so nannte, weil dieser wegen allerlei böser Streiche längst von ihm den Namen „kleiner Schalk" erhalten hatte, das andere Schloß, das er baute, wollte er anfänglich Hirschguldenberg nennen, um die Hexe zu verhöhnen, weil sie sein Erbe nicht einmal eines Hirschguldens wert achtete; er ließ es aber bei dem einfacheren Hirschberg bewenden, und so heißen die beiden Berge noch bis auf den heutigen Tag, und wer die Alb bereist, kann sie sich zeigen lassen.

Das böse Wetter von Zollern hatte anfänglich im Sinn, seinem ältesten Sohn Zollern, dem kleinen Schalk Schalksberg und dem andern Hirschberg im Testament zu vermachen; aber seine Frau ruhte nicht eher, bis er es änderte. „Der dumme Kuno", so nannte diese den armen Knaben, weil er nicht so wild und ausgelassen war wie ihre Söhne, „der dumme Kuno ist ohnedies reich genug durch das, was er von seiner Mutter erbte, und er soll auch noch das schöne, reiche Zollern haben? Und meine Söhne sollen nichts bekommen als jeder eine Burg, zu welcher nichts gehört als Wald?"

Vergebens stellte ihr der Graf vor, daß man Kuno billigerweise das Erstgeburtsrecht nicht rauben dürfe, sie weinte und zankte so lange, bis das böse Wetter, das sonst niemand sich fügte, des lieben Friedens willen nachgab und im Testament dem kleinen Schalk Schalksberg, Wolf, dem größeren Zwillingsbruder, Zollern, und Kuno Hirschberg mit dem Städtchen Balingen verschrieb.

Bald darauf, nachdem er also verfügt hatte, fiel er auch in eine schwere Krankheit. Zu dem Arzt, der ihm sagte, daß er sterben müsse, sagte er: „Ich weiß schon", und dem Schloßkaplan, der ihn ermahnte, sich zu einem frommen Ende vorzubereiten, antwortete er: „Dummes Zeug", und er fluchte und raste fort und starb, wie er gelebt hatte, roh und als ein großer Sünder.

Aber sein Leichnam war noch nicht beigesetzt, so kam die Frau Gräfin schon mit dem Testament herbei, sagte zu Kuno, ihrem Stiefsohn, spöttisch, er möchte jetzt seine Gelehrsamkeit beweisen und selbst nachlesen, was im Testament stehe, nämlich, daß er in Zollern nichts mehr zu tun habe, und freute sich mit ihren Söhnen über das schöne Vermögen und die beiden Schlösser, die sie ihm, dem Erstgeborenen, entrissen hatten.

Kuno fügte sich ohne Murren in den Willen des Verstorbenen, aber mit Tränen nahm er Abschied von der Burg, wo er geboren worden, wo seine gute Mutter begraben lag und wo der gute Schloßkaplan und nahe dabei seine einzige alte Freundin, Frau Feldheimerin, wohnte. Das Schloß Hirschberg war zwar ein schönes, stattliches Gebäude, aber es war ihm doch zu einsam und öde, und er wäre bald krank vor Sehnsucht nach Hohenzollern geworden.

Die Gräfin und die Zwillingsbrüder, die jetzt achtzehn Jahre alt waren, saßen eines Abends auf dem Söller und schauten den Schloßberg hinab; da gewahrten sie einen stattlichen Ritter, der zu Pferde heraufritt und dem eine prachtvolle Sänfte, von zwei Maultieren getragen, und mehrere Knechte folgten. Sie rieten lange hin und her, wer es wohl sein möchte; da rief endlich der kleine Schalk: „Ei, das ist niemand anders als unser Herr Bruder von Hirschberg."

„Der dumme Kuno?" sprach die Frau Gräfin verwundert. „Ei, der wird uns die Ehre antun, uns zu sich einzuladen, und die schöne Sänfte hat er für mich mitgebracht, um mich abzuholen nach Hirschberg; nein, soviel Güte und Lebensart hätte ich meinem Herrn Sohn, dem dummen Kuno, nicht zugetraut; eine Höflichkeit ist der andern wert, lasset uns hinabsteigen an das Schloßtor, ihn zu empfangen; macht auch freundliche Gesichter, vielleicht schenkt er uns in Hirschberg etwas, dir ein Pferd und dir einen Harnisch, und den Schmuck seiner Mutter hätte ich schon lange gerne gehabt."

„Geschenkt mag ich nichts von dem dummen Kuno", antwortete Wolf, „und ein gutes Gesicht mach' ich ihm auch nicht. Aber unserem seligen

Herrn Vater könnte er meinetwegen bald folgen, dann würden wir Hirschberg erben und alles, und Euch, Frau Mutter, wollten wir den Schmuck um billigen Preis ablassen."

„So, du Range!" eiferte die Mutter, „abkaufen soll ich euch den Schmuck? Ist das der Dank dafür, daß ich euch Zollern verschafft habe? Kleiner Schalk, nicht wahr, ich soll den Schmuck umsonst haben?"

„Umsonst ist der Tod, Frau Mutter!" erwiderte der Sohn lachend, „und wenn es wahr ist, daß der Schmuck soviel wert ist als manches Schloß, so werden wir wohl nicht die Toren sein, ihn Euch um den Hals zu hängen. Sobald Kuno die Augen schließt, reiten wir hinunter, teilen ab, und meinen Part am Schmuck verkaufe ich. Gebt Ihr dann mehr als der Jude, Frau Mutter, so sollt Ihr ihn haben."

Sie waren unter diesem Gespräch bis unter das Schloßtor gekommen, und mit Mühe zwang sich die Frau Gräfin, ihren Grimm über den Schmuck zu unterdrücken, denn soeben ritt Graf Kuno über die Zugbrücke. Als er seiner Stiefmutter und seiner Brüder ansichtig wurde, hielt er sein Pferd an, stieg ab und grüßte sie höflich. Denn obgleich sie ihm viel Leids angetan, bedachte er doch, daß es seine Brüder seien und daß diese böse Frau sein Vater geliebt hatte.

„Ei, das ist ja schön, daß der Herr Sohn uns auch besucht", sagte die Frau Gräfin mit süßer Stimme und huldreichem Lächeln. „Wie geht es denn auf Hirschberg? Kann man sich dort eingewöhnen? Und gar eine Sänfte hat man sich angeschafft? Ei, und wie prächtig, es dürfte sich keine Kaiserin daran schämen; nun wird wohl auch die Hausfrau nicht mehr lange fehlen, daß sie darin im Lande umherreist."

„Habe bis jetzt noch nicht daran gedacht, gnädige Frau Mutter", erwiderte Kuno, „will mir deswegen andere Gesellschaft zur Unterhaltung ins Haus nehmen und bin deswegen mit der Sänfte hierhergereist."

„Ei, Ihr seid gar gütig und besorgt", unterbrach ihn die Dame, indem sie sich verneigte und lächelte.

„Denn er kommt doch nicht mehr gut zu Pferde fort“, sprach Kuno ganz ruhig weiter, „der Pater Joseph nämlich, der Schloßkaplan. Ich will ihn zu mir nehmen, er ist mein alter Lehrer, und wir haben es so abgemacht, als ich Zollern verließ. Will auch unten am Berg die alte Frau Feldheimerin mitnehmen. Lieber Gott! Sie ist jetzt steinalt und hat mir einst das Leben gerettet, als ich zum erstenmal ausritt mit meinem seligen Vater; habe ja Zimmer genug in Hirschberg, und dort soll sie absterben.“ Er sprach es und ging durch den Hof, um den Pater Schloßkaplan zu holen.

Aber der Junker Wolf biß vor Grimm die Lippen zusammen, die Frau Gräfin wurde gelb vor Ärger, und der „ *kleine Schalk*“ lachte laut auf. „Was gebt Ihr für meinen Gaul, den ich von ihm geschenkt kriege?“ sagte er. „Bruder Wolf, gib mir deinen Harnisch, den er dir gegeben, dafür. Ha! ha! ha! Den Pater und die alte Hexe will er zu sich nehmen? Das ist ein schönes Paar, da kann er nun vormittags Griechisch lernen beim Kaplan und nachmittags Unterricht im Hexen nehmen bei der Frau Feldheimerin. Ei, was macht doch der dumme Kuno für Streiche.“

„Er ist ein ganz gemeiner Mensch!“ erwiderte die Frau Gräfin, „und du solltest nicht darüber lachen, *kleiner Schalk*; das ist eine Schande für die ganze Familie, und man muß sich ja schämen vor der ganzen Umgegend, wenn es heißt, der Graf von Zollern hat die alte Hexe, die Feldheimerin, abgeholt in einer prachtvollen Sänfte und Maulesel dabei und läßt sie bei sich wohnen. Das hat er von seiner Mutter, die war auch immer so gemein mit Kranken und schlechtem Gesindel; ach, sein Vater würde sich im Sarg wenden, wüßte er es.“

„Ja“, setzte der *kleine Schalk* hinzu, „der Vater würde noch in der Gruft sagen: "Weiß schon, dummes Zeug".“

„Wahrhaftig! Da kommt er mit dem alten Mann und schämt sich nicht, ihn selbst unter dem Arm zu fahren“, rief die Frau Gräfin mit Entsetzen, „kommt, ich will ihm nicht mehr begegnen.“

Sie entfernten sich, und Kuno geleitete seinen alten Lehrer bis an die Brücke und half ihm selbst in die Sänfte; unten aber am Berg hielt er vor der Hütte der Frau Feldheimerin und fand sie schon fertig, mit einem

Bündel voller Gläschen und Töpfchen und Tränklein und anderem Geräte nebst ihrem Buchsbaumstöcklein, einzusteigen.

Es kam übrigens nicht also, wie die Frau Gräfin von Zollern in ihrem bösen Sinn hatte voraussehen wollen. In der ganzen Umgegend wunderte man sich nicht über Ritter Kuno. Man fand es schön und löblich, daß er die letzten Tage der alten Frau Feldheimerin aufheitern wollte, man pries ihn als einen frommen Herrn, weil er den alten Pater Joseph in sein Schloß aufgenommen hatte. Die einzigen, die ihm gram waren und auf ihn schmähten, waren seine Brüder und die Gräfin; aber nur zu ihrem eigenen Schaden, denn man nahm allgemein ein Ärgernis an so unnatürlichen Brüdern, und zur Wiedervergeltung ging die Sage, daß sie mit ihrer Mutter schlecht und in beständigem Hader leben und unter sich selbst sich alles mögliche zuleide tun. Graf Kuno von Zollern-Hirschberg machte mehrere Versuche, seine Brüder mit sich auszusöhnen, denn es war ihm unerträglich, wenn sie oft an seiner Feste vorbeiritten, aber nie einsprachen, wenn sie ihm in Wald und Feld begegneten und ihn kälter begrüßten als einen Landfremden. Aber seine Versuche schlugen meist fehl, und er wurde noch überdies von ihnen verhöhnt. Eines Tages fiel ihm noch ein Mittel ein, wie er vielleicht ihre Herzen gewinnen könnte, denn er wußte, sie waren geizig und habgierig. Es lag ein Teich zwischen den drei Schlössern, beinahe in der Mitte, jedoch so, daß er noch in Kunos Revier gehörte. In diesem Teich befanden sich aber die besten Hechte und Karpfen der ganzen Umgegend, und es war für die Brüder, die gerne fischten, ein nicht geringer Verdruß, daß ihr Vater vergessen hatte, den Teich auf ihr Teil zu schreiben. Sie waren zu stolz, um ohne Vorwissen ihres Bruders dort zu fischen, und doch mochten sie ihm auch kein gutes Wort geben, daß er es ihnen erlauben möchte. Nun kannte er aber seine Brüder, daß ihnen der Teich am Herzen liege; er lud sie daher eines Tages ein, mit ihm dort zusammenzukommen.

Es war ein schöner Frühlingsmorgen, als beinahe in demselben Augenblick die drei Brüder von den drei Burgen dort zusammenkamen. „Ei, sieh da!“ rief der kleine Schalk, „das trifft sich ordentlich! Ich bin mit Schlag sieben Uhr von Schalksberg weggeritten.“

„Ich auch –; und ich“ –; antworteten die Brüder vom Hirschberg und vom Zollern.

„Nun, da muß der Teich hier gerade in der Mitte liegen“, fuhr der Kleine fort. „Es ist ein schönes Wasser.“

„Ja, und eben darum habe ich euch hierher beschieden. Ich weiß, ihr seid beide große Freunde vom Fischen, und ob ich gleich auch zuweilen gerne die Angel auswerfe, so hat doch der Weiher Fische genug für drei Schlösser, und an seinen Ufern ist Platz genug für drei, selbst wenn wir alle auf einmal zu angeln kämen. Darum will ich von heute an, daß dieses Wasser Gemeingut für uns sei, und jeder von euch soll gleiche Rechte daran haben wie ich.“

„Ei, der Herr Bruder ist ja gewaltig gnädig gesinnt“, sprach der kleine Schalk mit höhnischem Lächeln, „gibt uns wahrhaftig sechs Morgen Wasser und ein paar hundert Fischlein! Nu und was werden wir dagegen geben müssen? Denn umsonst ist der Tod!“

„Umsonst sollt ihr ihn haben“, sagte Kuno. „Ach, ich möchte euch ja nur zuweilen an diesem Teich sehen und sprechen! Sind wir doch *eines* Vaters Söhne.“

„Nein!“ erwiderte der vom Schalksberg, „das ginge schon nicht, denn es ist nichts Einfältigeres, als in Gesellschaft zu fischen, es verjagt immer einer dem andern die Fische. Wollen wir aber Tage ausmachen, etwa Montag und Donnerstag du, Kuno, Dienstag und Freitag Wolf, Mittwoch und Sonnabend ich so ist es mir ganz recht.“

„Mir nicht einmal dann“, rief der finstere Wolf. „Geschenkt will ich nichts haben und will auch mit niemand teilen; du hast recht, Kuno, daß du uns den Weiher anbietest; denn wir haben eigentlich alle drei gleichen Anteil daran, aber lasset uns darum würfeln, wer ihn in Zukunft besitzen soll; werde ich glücklicher sein als ihr, so könnt ihr immer bei mir anfragen, ob ihr fischen dürfet.“

„Ich würfle nie“, entgegnete Kuno, traurig über die Verstocktheit seiner Brüder.

„Ja, freilich“, lachte der kleine Schalk, „er ist ja gar fromm und gottesfürchtig, der Herr Bruder, und hält das Würfelspiel für eine Todsünde; aber ich will euch was anders vorschlagen, woran sich der frömmste Klausner nicht schämen dürfte. Wir wollen uns Angelschnüre und Haken holen; und wer diesen Morgen, bis die Glocke in Zollern zwölf Uhr schlägt, die meisten Fische angelt, soll den Weiher eigen haben.“

„Ich bin eigentlich ein Tor“, sagte Kuno, „um das noch zu kämpfen, was mir mit Recht als Erbe zugehört; aber damit ihr sehet, daß es mir mit der Teilung ernst war, will ich mein Fischgeräte holen.“

Sie ritten heim, jeder nach seinem Schloß. Die Zwillinge schickten in aller Eile ihre Diener aus, ließen alle alten Steine aufheben, um Würmer zur Lockspeise für die Fische im Teich zu finden; Kuno aber nahm sein gewöhnliches Angelzeug und die Speise, die ihn einst Frau Feldheimerin zubereiten gelehrt, und war der erste, der wieder auf dem Platz erschien. Er ließ, als die beiden Zwillinge kamen, diese die besten und bequemsten Stellen auswählen und warf dann selbst eine Angel aus. Da war es, als ob die Fische in ihm den Herrn des Teiches erkannt hätten. Ganze Züge von Karpfen und Hechten zogen heran und wimmelten um seine Angel; die ältesten und größten drängten die kleinen weg, jeden Augenblick zog er einen heraus, und wenn er die Angel wieder ins Wasser warf, sperrten schon zwanzig, dreißig Mäuler auf, um an den spitzigen Haken anzubeißen. Es hatte noch nicht zwei Stunden gedauert, so lag der Boden um ihn her voll der schönsten Fische. Da hörte er auf zu fischen und ging zu seinen Brüdern, um zu sehen, was für Geschäfte sie machten. Der kleine Schalk hatte einen kleinen Karpfen und zwei elende Weißfische, Wolf drei Barben und zwei kleine Gründlinge, und beide schauten trübselig in den Teich; denn sie konnten die ungeheure Menge, die Kuno gefangen, gar wohl von ihrem Platze aus bemerken. Als Kuno an seinen Bruder Wolf herankam, sprang dieser halbwütend auf, zerriß die Angelschnur, brach die Rute in Stücke und warf sie in den Teich. „Ich wollte, es wären tausend Haken, die ich hineinwerfe, statt des einen, und an jedem müßte eine von diesen Kreaturen zappeln“, rief er; „aber mit rechten Dingen geht es nimmer zu, es ist ein Zauberspiel und Hexenwerk.

Wie solltest du denn, dummer Kuno, mehr Fische fangen in einer Stunde als ich in einem Jahr?“

„Ja, ja, jetzt erinnere ich mich“, fuhr der kleine Schalk fort, „bei der Frau Feldheimerin, bei der schnöden Hexe, hat er das Fischen gelernt, und wir waren Toren, mit ihm zu fischen, er wird doch bald Hexenmeister werden.“

„Ihr schlechten Menschen!“ entgegnete Kuno unmutig. „Diesen Morgen habe ich hinlänglich Zeit gehabt, euren Geiz, eure Unverschämtheit und eure Roheit einzusehen. Gehet jetzt und kommet nie wieder hierher und glaubet mir, es wär für eure Seelen besser, wenn ihr nur halb so fromm und gut wäret als jene Frau, die ihr eine Hexe scheltet.“

„Nein, eine eigentliche Hexe ist sie nicht!“ sagte der Schalk, spöttisch lachend. „Solche Weiber können wahrsagen, aber Frau Feldheimerin ist so wenig eine Wahrsagerin, als eine Gans ein Schwan werden kann; hat sie doch dem Vater gesagt: Von seinem Erbe werde man einen guten Teil um einen Hirschgulden kaufen können, das heißt, er werde ganz verlumpen, und doch hat bei seinem Tod alles ihm gehört, so weit man von der Zinne von Zollern sehen kann! Geh, geh, Frau Feldheimerin ist nichts als ein törichtes altes Weib, und du der dumme Kuno.“

Nach diesen Worten entfernte sich der Kleine eilig, denn er fürchtete den starken Arm seines Bruders, und Wolf folgte ihm, indem er alle Flüche hersagte, die er von seinem Vater gelernt hatte.

In tiefster Seele betrübt, ging Kuno nach Hause, denn er sah jetzt deutlich, daß seine Brüder nie mehr mit ihm sich vertragen wollten. Er nahm sich auch ihre harten Worte so sehr zu Herzen, daß er des andern Tages sehr krank wurde, und nur der Trost des würdigen Pater Joseph und die kräftigen Tränklein der Frau Feldheimerin retteten ihn vom Tode.

Als aber seine Brüder erfuhren, daß ihr Bruder Kuno schwer daniederliegen hielten sie ein fröhliches Bankett, und im Weinmut sagten sie sich zu, wenn der dumme Kuno sterbe, so solle der, welcher es zuerst erfahre, alle Kanonen lösen, um es dem andern anzuzeigen, und wer zuerst kanoniere, solle das beste Faß Wein aus Kunos Keller vorwegnehmen dürfen. Wolf ließ nun von da an immer einen Diener in der Nähe von Hirschberg Wache halten, und der kleine Schalk bestach sogar einen Diener Kunos mit vielem Geld, damit er es ihm schnell anzeige, wenn sein Herr in den letzten Zügen liege.

Dieser Knecht aber war seinem milden und frommen Herrn mehr zugetan als dem bösen Grafen von Schalksberg; er fragte also eines Abends Frau Feldheimerin teilnehmend nach dem Befinden seines Herrn, und als diese sagte, daß es ganz gut mit ihm stehe, erzählte er ihr den Anschlag der beiden Brüder und daß sie Freudenschüsse tun wollten auf des Grafen Kunos Tod. Darüber ergrimmte die Alte sehr; sie erzählte es flugs wieder dem Grafen, und als dieser an eine so große Lieblosigkeit seiner Brüder nicht glauben wollte, so riet sie ihm, er solle die Probe machen und aussprengen lassen, er sei tot, so werde man bald hören, ob sie kanonieren, ob nicht. Der Graf ließ den Diener, den sein Bruder bestochen, vor sich kommen, befragte ihn nochmals und befahl ihm, nach Schalksberg zu reiten und sein nahes Ende zu verkünden.

Als nun der Knecht eilends den Hirschberg herabritt, sah ihn der Diener des Grafen Wolf von Zollern, hielt ihn an und fragte, wohin er so eilends zu reiten willens sei. „Ach", sagte dieser, „mein armer Herr wird diesen Abend nicht überleben, sie haben ihn alle aufgegeben."

„So? Ist's um diese Zeit?" rief jener, lief nach seinem Pferd, schwang sich auf und jagte so eilends nach Zollern und den Schloßberg hinan, daß sein Pferd am Tore niederfiel und er selbst nur noch „Graf Kuno stirbt!" rufen konnte, ehe er ohnmächtig wurde. Da donnerten die Kanonen von Hohenzollern herab; Graf Wolf freute sich mit seiner Mutter über das gute Faß Wein und das Erbe, den Teich, über den Schmuck und den starken Widerhall, den seine Kanonen gaben.

Aber was er für Widerhall gehalten, waren die Kanonen von Schalksberg, und Wolf sagte lächelnd zu seiner Mutter: „So hat der Kleine auch einen Spion gehabt, und wir müssen auch den Wein gleich teilen wie das übrige Erbe." Dann aber saß er zu Pferde; denn er argwohnte, der kleine Schalk möchte ihm zuvorkommen und vielleicht einig Kostbarkeiten des Verstorbenen wegnehmen, ehe er käme.

Aber am Fischteiche begegneten sich die beiden Brüder, und jeder errötete vor dem andern, weil beide zuerst nach Hirschberg hatten kommen wollen. Von Kuno sprachen sie kein Wort, als sie zusammen ihren Weg fortsetzten, sondern sie berieten sich brüderlich, wie man es in Zukunft halten wolle und wem Hirschberg gehören solle. Wie sie aber über die Zugbrücke in den Schloßhof ritten, da schaute ihr Bruder wohlbehalten und gesund zum Fenster heraus; aber Zorn und Unmut sprühten aus seinen Blicken. Die Brüder erschraken sehr, als sie ihn sahen, hielten ihn anfänglich für ein Gespenst und bekreuzten sich; als sie aber sahen, daß er noch Fleisch und Blut habe, rief Wolf: „Ei, so wollt' ich doch! Dummes Zeug, ich glaubte, du wärest gestorben."

„Nun, aufgeschoben ist nicht aufgehoben", sagte der Kleine, der mit giftigen Blicken nach seinem Bruder hinaufschaute.

Dieser aber sprach mit donnernder Stimme: „Von dieser Stunde an sind alle Bande der Verwandtschaft zwischen uns los und ledig. Ich habe eure Freudenschüsse wohl vernommen; aber sehet zu, auch ich habe fünf Feldschlangen hier auf dem Hof stehen und habe sie euch zu Ehren scharf laden lassen. Machet, daß ihr aus dem Bereich meiner Kugeln kommt, oder ihr sollt erfahren, wie man auf Hirschberg schießt." Sie ließen es sich nicht zweimal sagen; denn sie sahen ihm an, wie ernst es ihm war; sie gaben also ihren Pferden die Sporen und hielten einen Wettlauf den Berg hinunter, und ihr Bruder schoß eine Stückkugel hinter ihnen her, die über ihren Köpfen wegsauste, daß sie beide zugleich eine tiefe und höfliche Verbeugung machten; er wollte sie aber nur schrecken und nicht verwunden.

„Warum hast du denn geschossen?" fragte der kleine Schalk unmutig.

„Du Tor, ich schoß nur, weil ich dich hörte."

„Im Gegenteil, frag nur die Mutter!" erwiderte Wolf, „du warst es, der zuerst schoß, und du hast diese Schande über uns gebracht, kleiner Dachs."

Der Kleine blieb ihm keinen Ehrentitel schuldig, und als sie am Fischteich angekommen waren, gaben sie sich gegenseitig noch die vom alten Wetter von Zollern geerbten Flüche zum besten und trennten sich in Haß und Unlust.

Tags darauf aber machte Kuno sein Testament, und Frau Feldheimerin sagte zum Pater: „Ich wollte was wetten, er hat keinen guten Brief für die Kanoniere geschrieben." Aber so neugierig sie war und so oft sie in ihren Liebling drang, er sagte ihr nicht, was im Testament stehe, und sie erfuhr es auch nimmer, denn ein Jahr nachher verschied die gute Frau, und ihre Salben und Tränklein halfen ihr nichts, denn sie starb an keiner Krankheit, sondern am achtundneunzigsten Jahr, das auch einen ganz gesunden Menschen endlich unter den Boden bringen kann . Graf Kuno ließ sie bestatten, als ob sie nicht eine arme Frau, sondern seine Mutter gewesen wäre, und es kam ihm nachher noch viel einsamer vor auf seinem Schloß, besonders da der Pater Joseph der Frau Feldheimerin bald folgte.

Doch diese Einsamkeit fühlte er nicht sehr lange; der gute Kuno starb schon in seinem achtundzwanzigsten Jahr, und böse Leute behaupteten an Gift, das ihm der kleine Schalk beigebracht hatte.

Wie dem aber auch sei, einige Stunden nach seinem Tod vernahm man wieder den Donner der Kanonen, und in Zollern und Schalksberg tat man fünfundzwanzig Schüsse. „Diesmal hat er doch dran glauben müssen", sagte der Schalk, als sie unterwegs zusammentrafen.

„Ja", antwortete Wolf, „und wenn er noch einmal aufersteht und zum Fenster herausschimpft wie damals, so hab' ich eine Büchse bei mir, die ihn höflich und stumm machen soll."

Als sie den Schloßberg hinanritten, gesellte sich ein Reiter mit Gefolge zu ihnen, den sie nicht kannten. Sie glaubten, es sei vielleicht ein Freund ihres Bruders und komme, um ihn beisetzen zu helfen. Daher gebärdeten sie sich kläglich, priesen vor ihm den Verstorbenen, beklagten sein frühes Hinscheiden, und der kleine Schalk preßte sich sogar einige Krokodilstränen aus. Der Ritter antwortete ihnen aber nicht, sondern ritt still und stumm an ihrer Seite den Hirschberg hinauf. „So, jetzt wollen wir es uns bequem machen, und Wein herbei, Kellermeister, vom besten!" rief Wolf, als er abstieg.

Sie gingen die Wendeltreppe hinauf und in den Saal; auch dahin folgte ihnen der stumme Reiter, und als sich die Zwillinge ganz breit an den Tisch gesetzt hatten, zog jener ein Silberstück aus dem Wams, warf es auf den Schiefertisch, daß es umherrollte und klingelte, und sprach: „So, und da habt ihr jetzt euer Erbe, und es wird just recht sein, ein Hirschgulden." Da sahen sich die beiden Brüder verwundert an, lachten und fragten ihn, was er damit sagen wolle.

Der Ritter aber zog ein Pergament hervor, mit hinlänglichen Siegeln; darin hatte der dumme Kuno alle Feindseligkeiten aufgezeichnet, die ihm die Brüder bei seinen Lebzeiten bewiesen, und am Ende hatte er verordnet und bekannt, daß sein ganzes Erbe, Hab und Gut, außer dem Schmuck seiner seligen Frau Mutter, auf den Fall seines Todes an Württemberg verkauft sei, und zwar um *einen elenden Hirschgulden! Um den Schmuck aber solle man in der Stadt Balingen ein Armenhaus erbauen.*

Da erstaunten nun die Brüder abermals, lachten aber nicht dazu, sondern bissen die Zähne zusammen; denn sie konnten gegen Württemberg nichts ausrichten, und so hatten sie das schöne Gut, Wald, Feld, die Stadt Balingen und selbst den Fischteich verloren und nichts geerbt als einen schlechten Hirschgulden. Den steckte Wolf in sein Wams, sagte nicht ja und nicht nein, warf sein Barett auf den Kopf und ging trotzig und ohne Gruß an dem württembergischen Kommissär vorbei, schwang sich auf sein Roß und ritt nach Zollern.

Als ihn aber am andern Morgen seine Mutter mit Vorwürfen plagte, daß sie Gut und Schmuck verscherzet haben, ritt er hinüber zum Schalk auf der Schalksburg: „Wollen wir unser Erbe verspielen oder vertrinken?" fragte er ihn.

„Vertrinken ist besser", sagte der Schalk, „dann haben beide gewonnen. Wir wollen nach Balingen reiten und uns den Leuten zum Trotz dort sehen lassen, wenn wir auch gleich das Städtlein schmählich verloren."

„Und im Lamm schenkt man Roten, der Kaiser trinkt ihn nicht besser“, setzte Wolf hinzu.

So ritten sie miteinander nach Balingen ins Lamm und fragten, was die Maß Roter koste, und tranken sich zu, bis der Hirschgulden voll war. Dann stand Wolf auf, zog das Silberstück mit dem springenden Hirsch aus dem Wams, warf es auf den Tisch und sprach: „Da habt Ihr Euern Gulden, so wird's richtig sein.“

Der Wirt aber nahm den Gulden, besah ihn links, besah ihn rechts und sagte lächelnd: „Ja, wenn es kein Hirschgulden wär'; aber gestern nacht kam der Bote von Stuttgart, und heute früh hat man es ausgetrommelt im Namen des Grafen von Württemberg, dem jetzt das Städtlein eigen; *die* sind abgeschätzt, und gebt mir nur anderes Geld!“

Da sahen sich die beiden Brüder erbleichend an: „Zahl aus!“ sagte der eine.

„Hast du keine Münze?“ sagte der andere, und kurz, sie mußten den Gulden schuldig bleiben im Lamm in Balingen.

Sie zogen schweigend und nachdenkend ihren Weg, als sie aber an den Kreuzweg kamen, wo es rechts nach Zollern und links nach Schalksberg ging, da sagte der Schalk: „Wie nun? Jetzt haben wir sogar weniger geerbt als gar nichts, und der Wein war überdies schlecht.“

„Jawohl“, erwiderte sein Bruder. „Aber was die Feldheimerin sagte, ist doch eingetroffen: "Seht zu, wieviel von seinem Erbe übrigbleiben wird, um einen Hirschgulden!" Jetzt haben wir nicht einmal ein Maß Wein dafür kaufen können.“

„Weiß schon!“ antwortete der von der Schalksburg. „Dummes Zeug!“ sagte der von Zollern und ritt zerfallen mit sich und der Welt seinem Schloß zu.

*

„Das ist die Sage von dem Hirschgulden“, endete der Zirkelschmied, „und wahr soll sie sein. Der Wirt in Dürrwangen, das nicht weit von den drei Schlössern liegt, hat sie meinem guten Freund erzählt, der oft als Wegweiser über die schwäbische Alb ging und immer in Dürrwangen einkehrte.“

Die Gäste gaben dem Zirkelschmied Beifall. „Was man doch nicht alles hört in der Welt“, rief der Fuhrmann. „Wahrhaftig, jetzt erst freut es mich, daß wir die Zeit nicht mit Kartenspielen verderbten, so ist es wahrlich besser; und gemerkt habe ich mir die Geschichte, daß ich sie morgen meinen Kameraden erzählen kann, ohne ein Wort zu fehlen.“

„Mir fiel da, während Ihr so erzähltet, etwas ein“, sagte der Student.

„O erzählet, erzählet!“ baten der Zirkelschmied und Felix.

„Gut“, antwortete jener, „ob die Reihe jetzt an mich kommt oder später, ist gleichviel; ich muß ja doch heimgehen, was ich gehört. Das, was ich erzählen will, soll sich wirklich einmal begeben haben.“

Er setzte sich zurecht und wollte eben anheben zu erzählen, als die Wirtin den Spinnrocken beiseitesetzte und zu den Gästen an den Tisch trat. „Jetzt, ihr Herren, ist es Zeit, zu Bette zu gehen“, sagte sie, „es hat neun Uhr geschlagen, und morgen ist auch ein Tag.“

„Ei, so gehe zu Bette!“ rief der Student, „setze noch eine Flasche Wein für uns hierher, und dann wollen wir dich nicht länger abhalten.“

„Mitnichten“, entgegnete sie grämlich, „solange noch Gäste in der Wirtsstube sitzen, können Wirtin und Dienstboten nicht weggehen. Und kurz und gut, ihr Herren, machet, daß ihr auf eure Kammern kommet; mir wird die Zeit lange, und länger als neun Uhr darf in meinem Hause nicht gezecht werden.“

„Was fällt Euch ein, Frau Wirtin?“ sprach der Zirkelschmied staunend, „was schadet es denn Euch, ob wir hier sitzen, wenn Ihr auch schon längst schlafet; wir sind rechtliche Leute und werden Euch nichts hinwegtragen, noch ohne Bezahlung fortgehen. Aber so lasse ich mir in keinem Wirtshaus ausbieten.“

Die Frau rollte zornig die Augen: „Meint ihr, ich werde wegen jedem Lumpen von Handwerksburschen, wegen jedem Straßenläufer, der mir zwölf Kreuzer zu verdienen gibt, meine Hausordnung ändern? Ich sag' euch jetzt zum letztenmal, daß ich den Unfug nicht leide!"

Noch einmal wollte der Zirkelschmied etwas entgegnen; aber der Student sah ihn bedeutend an und winkte mit den Augen den übrigen. „Gut", sprach er, „wenn es denn die Frau Wirtin nicht haben will, so laßt uns auf unsere Kammern gehen. Aber Lichter möchten wir gerne haben, um den Weg zu finden."

„Damit kann ich nicht dienen", entgegnete sie finster, „die andern werden schon den Weg im Dunkeln finden, und für Euch ist dies Stümpfchen hier hinlänglich; mehr habe ich nicht im Hause."

Schweigend nahm der junge Herr das Licht und stand auf. Die andern folgten ihm, und die Handwerksburschen nahmen ihre Bündel, um sie in der Kammer bei sich niederzulegen. Sie gingen dem Studenten nach, der ihnen die Treppe hinanleuchtete.

Als sie oben angekommen waren, bat sie der Student, leise aufzutreten, schloß sein Zimmer auf und winke ihnen herein. „Jetzt ist kein Zweifel mehr", sagte er, „sie will uns verraten; habt ihr nicht bemerkt, wie ängstlich sie uns zu Bett zu bringen suchte, wie sie uns alle Mittel abschnitt, wach und beisammen zu bleiben? Sie meint wahrscheinlich, wir werden uns jetzt niederlegen und dann werde sie um so leichteres Spiel haben."

„Aber meint Ihr nicht, wir könnten noch entkommen?" fragte Felix. „Im Wald kann man doch eher auf Rettung denken als hier im Zimmer."

„Die Fenster sind auch hier vergittert", rief der Student, indem er vergebens versuchte, einen der Eisenstäbe des Gitters loszumachen. „Uns bleibt nur *ein* Ausweg, wenn wir entweichen wollen, durch die Haustüre; aber ich glaube nicht, daß sie uns fortlassen werden."

„Es käme auf den Versuch an", sprach der Fuhrmann, „ich will einmal probieren, ob ich bis in den Hof kommen kann. Ist dies möglich, so kehre ich zurück und hole euch nach." Die übrigen billigten diesen Vorschlag, der Fuhrmann legte die Schuhe ab und schlich sich auf den Zehen nach der Treppe; ängstlich lauschten seine Genossen oben im Zimmer; schon war er die eine Hälfte der Treppe glücklich und unbemerkt hinabgestiegen; aber als er sich dort um einen Pfeiler wandte, richtete sich plötzlich eine ungeheure Dogge vor ihm in die Höhe, legte ihre Tatzen auf seine Schultern und wies ihm, gerade seinem Gesicht gegenüber, zwei Reihen langer, scharfer Zähne . Er wagte weder vor- noch rückwärts auszuweichen; denn bei der geringsten Bewegung schnappte der entsetzliche Hund nach seiner Kehle. Zugleich fing er an zu heulen und zu bellen, und alsobald erschienen der Hausknecht und die Frau mit Lichtern .

„Wohin, was wollt Ihr?" rief die Frau.

„Ich habe noch etwas in meinem Karren zu holen", antwortete der Fuhrmann, am ganzen Leibe zitternd; denn als die Türe aufgegangen war, hatte er mehrere braune, verdächtige Gesichter, Männer mit Büchsen in der Hand, im Zimmer bemerkt.

„Das hättet Ihr alles auch vorher abmachen können", sagte die Wirtin mürrisch. „Fassan, daher! Schließ die Hoftüre zu, Jakob, und leuchte dem Mann an seinen Karren!" Der Hund zog seine greuliche Schnauze und seine Tatzen von der Schulter des Fuhrmanns zurück und lagerte sich wieder quer über die Treppe; der Hausknecht aber hatte das Hoftor zugeschlossen und leuchtete dem Fuhrmann. An ein Entkommen war nicht zu denken. Aber als er nachsann, was er denn eigentlich aus dem Karren holen sollte, fiel ihm ein Pfund Wachslichter ein, die er in die nächste Stadt überbringen sollte. „Das Stümpfchen Licht oben kann kaum noch eine Viertelstunde dauern", sagte er zu sich, „und Licht müssen wir dennoch haben!" Er nahm also zwei Wachskerzen aus dem Wagen, verbarg sie in dem Ärmel und holte dann zum Schein seinen Mantel aus dem Karren, womit er sich, wie er dem Hausknecht sagte, heute nacht bedecken wolle.

Glücklich kam er wieder auf dem Zimmer an. Er erzählte von dem großen Hund, der als Wache an der Treppe liege, von den Männern, die er flüchtig gesehen, von allen Anstalten, die man gemacht, um sich ihrer zu versichern, und schloß damit, daß er seufzend sagte: „Wir werden diese Nacht nicht überleben."

„Das glaube ich nicht", erwiderte der Student, „für so töricht kann ich diese Leute nicht halten, daß sie wegen des geringen Vorteils, den sie von uns hätten, vier Menschen ans Leben gehen sollten. Aber verteidigen dürfen wir uns nicht. Ich für meinen Teil werde wohl am meisten verlieren; mein Pferd ist schon in ihren Händen, es kostete mich fünfzig Dukaten noch vor vier Wochen; meine Börse, meine Kleider gebe ich willig hin; denn mein Leben ist mir am Ende doch lieber als alles dies."

„Ihr habt gut reden", erwiderte der Fuhrmann, „solche Sachen, wie Ihr sie verlieren könnt, ersetzt Ihr Euch leicht wieder; aber ich bin der Bote von Aschaffenburg und habe allerlei Güter auf meinem Karren, und im Stall zwei schöne Rosse, meinen einzigen Reichtum."

„Ich kann unmöglich glauben, daß sie Euch ein Leides tun werden", bemerkte der Goldschmied, „einen Boten zu berauben, würde schon viel Geschrei und Lärmen im Land machen. Aber dafür bin ich auch, was der Herr dort sagt; lieber will ich gleich alles hergeben, was ich habe, und mit einem Eid versprechen, nichts zu sagen, ja niemals zu klagen, als mich gegen Leute, die Büchsen und Pistolen haben, um meine geringe Habe wehren."

Der Fuhrmann hatte während dieser Reden seine Wachskerzen hervorgezogen. Er klebte sie auf den Tisch und zündete sie an. „So laßt uns in Gottes Namen erwarten, was über uns kommen wird", sprach er, „wir wollen uns wieder zusammen niedersetzen und durch Sprechen den Schlaf abhalten." „Das wollen wir", antwortete der Student, „und weil vorhin die Reihe an mir stehengeblieben war, will ich euch etwas erzählen." Das kalte Herz

*

Das kalte Herz

Erste Abteilung

Wer durch Schwaben reist, der sollte nie vergessen, auch ein wenig in den Schwarzwald hineinzuschauen; nicht der Bäume wegen, obgleich man nicht überall solch unermeßliche Menge herrlich aufgeschossener Tannen findet, sondern wegen der Leute, die sich von den andern Menschen ringsumher merkwürdig unterscheiden. Sie sind größer als gewöhnliche Menschen, breitschultrig, von starken Gliedern, und es ist, als ob der stärkende Duft, der morgens durch die Tannen strömt, ihnen von Jugend auf einen freieren Atem, ein klareres Auge und einen festeren, wenn auch rauheren Mut als den Bewohnern der Stromtäler und Ebenen gegeben hätte. Und nicht nur durch Haltung und Wuchs, auch durch ihre Sitten und Trachten sondern sie sich von den Leuten, die außerhalb des Waldes wohnen, streng ab. Am schönsten kleiden sich die Bewohner des badenschen Schwarzwaldes; die Männer lassen den Bart wachsen, wie er von Natur dem Mann ums Kinn gegeben ist; ihre schwarzen Wämser, ihre ungeheuren, enggefalteten Pluderhosen, ihre roten Strümpfe und die spitzen Hüte, von einer weiten Scheibe umgeben, verleihen ihnen etwas Fremdartiges, aber etwas Ernstes, Ehrwürdiges. Dort beschäftigen sich die Leute gewöhnlich mit Glasmachen; auch verfertigen sie Uhren und tragen sie in der halben Welt umher.

Auf der andern Seite des Waldes wohnt ein Teil desselben Stammes, aber ihre Arbeiten haben ihnen andere Sitten und Gewohnheiten gegeben als den Glasmachern. Sie handeln mit ihrem Wald; sie fällen und behauen ihre Tannen, flößen sie durch die Nagold in den Neckar und von dem oberen Neckar den Rhein hinab, bis weit hinein nach Holland, und am Meer kennt man die Schwarzwälder und ihre langen Flöße; sie halten an jeder Stadt, die am Strom liegt, an und erwarten stolz, ob man ihnen Balken und Bretter abkaufen werde; ihre stärksten und längsten Balken aber verhandeln sie um schweres Geld an die Mynheers, welche Schiffe daraus bauen. Diese Menschen nun sind an ein rauhes, wanderndes Leben gewöhnt. Ihre Freude ist, auf ihrem Holz die Ströme hinabzufahren, ihr

Leid, am Ufer wieder heraufzuwandeln. Darum ist auch ihr Prachtanzug so verschieden von dem der Glasmänner im andern Teil des Schwarzwaldes. Sie tragen Wämser von dunkler Leinwand, einen handbreiten grünen Hosenträger über die breite Brust, Beinkleider von schwarzem Leder, aus deren Tasche ein Zollstab von Messing wie ein Ehrenzeichen hervorschaut; ihr Stolz und ihre Freude aber sind ihre Stiefel, die größten wahrscheinlich, welche auf irgendeinem Teil der Erde Mode sind; denn sie können zwei Spannen weit über das Knie hinaufgezogen werden, und die „Flözer" können damit in drei Schuh tiefem Wasser umherwandeln, ohne sich die Füße naß zu machen.

Noch vor kurzer Zeit glaubten die Bewohner dieses Waldes an Waldgeister, und erst in neuerer Zeit hat man ihnen diesen törichten Aberglauben benehmen können. Sonderbar ist es aber, daß auch die Waldgeister, die der Sage nach im Schwarzwalde hausen, in diese verschiedenen Trachten sich geteilt haben. So hat man versichert, daß das „Glasmännlein", ein gutes Geistchen von dreieinhalb Fuß Höhe, sich nie anders zeige als in einem spitzen Hütlein mit großem Rand, mit Wams und Pluderhöschen und roten Strümpfchen. Der Holländer-Michel aber, der auf der anderen Seite des Waldes umgeht, soll ein riesengroßer, breitschultriger Kerl in der Kleidung der Flözer sein, und mehrere, die ihn gesehen haben wollen, versichern, daß sie die Kälber nicht aus ihrem Beutel bezahlen möchten, deren Felle man zu seinen Stiefeln brauchen würde. „So groß, daß ein gewöhnlicher Mann bis an den Hals hineinstehen könnte", sagten sie und wollten nichts übertrieben haben.

Mit diesen Waldgeistern soll einmal ein junger Schwarzwälder eine sonderbare Geschichte gehabt haben, die ich erzählen will. Es lebte nämlich im Schwarzwald eine Witwe, Frau Barbara Munkin; ihr Gatte war Kohlenbrenner gewesen, und nach seinem Tode hielt sie ihren sechzehnjährigen Knaben nach und nach zu demselben Geschäft an.

Der junge Peter Munk, ein schlanker Bursche, ließ es sich gefallen, weil er es bei seinem Vater auch nicht anders gesehen hatte, die ganze Woche über am rauchenden Meiler zu sitzen oder, schwarz und berußt und den Leuten ein Abscheu, hinab in die Städte zu fahren und seine Kohlen zu verkaufen. Aber ein Köhler hat viel Zeit zum Nachdenken über sich und andere, und wenn Peter Munk an seinem Meiler saß, stimmten die dunklen Bäume umher und die tiefe Waldesstille sein Herz zu Tränen und unbewußter Sehnsucht. Es betrübte ihn etwas, es ärgerte ihn etwas, er wußte nicht recht was. Endlich merkte er sich ab, was ihn ärgerte, und das war sein Stand. „Ein schwarzer, einsamer Kohlenbrenner!" sagte er sich. „Es ist ein elend Leben. Wie angesehen sind die Glasmänner, die Uhrmacher, selbst die Musikanten am Sonntag abends! Und wenn Peter Munk, rein gewaschen und geputzt, in des Vaters Ehrenwams mit silbernen Knöpfen und mit nagelneuen roten Strümpfen erscheint, und wenn dann einer hinter mir hergeht und denkt, wer ist wohl der schlanke Bursche? und lobt bei sich die Strümpfe und meinen stattlichen Gang sieh, wenn er vorübergeht und schaut sich um, sagt er gewiß: 'Ach, es ist *nur der Kohlenmunk-Peter*.'„

Auch die Flözer auf der andern Seite waren ein Gegenstand seines Neides. Wenn diese Waldriesen.herüberkamen, mit stattlichen Kleidern, und an Knöpfen, Schnallen und Ketten einen halben Zentner Silber auf dem Leib trugen, wenn sie mit ausgespreizten Beinen und vornehmen Gesichtern dem Tanz zuschauten, holländisch fluchten und wie die vornehmsten Mynheers aus ellenlangen kölnischen Pfeifen rauchten, da stellte er sich als das vollendetste Bild eines glücklichen Menschen solch einen Flözer vor. Und wenn diese Glücklichen dann erst in die Taschen fuhren, ganze Hände voll großer Taler herauslangten und um Sechsbätzner würfelten, fünf Gulden hin, zehn her, so wollten ihm die Sinne vergehen, und er schlich trübselig nach seiner Hütte; denn an manchem Feiertagabend hatte er einen oder den andern dieser „Holzherren" mehr verspielen sehen, als der arme Vater Munk in einem Jahr verdiente. Es waren vorzüglich drei dieser Männer, von welchen er nicht wußte, welchen er am meisten bewundern sollte. Der eine war ein dicker, großer Mann mit rotem Gesicht und galt für den reichsten Mann in der Runde. Man hieß ihn den dicken Ezechiel. Er reiste alle Jahre zweimal mit Bauholz nach Amsterdam und hatte das Glück, es immer um so viel teurer als andere zu verkaufen, daß er, wenn die übrigen zu Fuß heimgingen, stattlich herauffahren konnte. Der andere war der längste und magerste Mensch im ganzen Wald, man nannte ihn den langen Schlurker, und diesen beneidete Munk wegen seiner ausnehmenden Kühnheit; er widersprach den angesehensten Leuten, brauchte, wenn man noch so gedrängt im Wirtshaus saß, mehr Platz als vier der Dicksten; denn er stützte entweder beide Ellbogen auf den Tisch oder zog eines seiner langen Beine zu sich auf die Bank, und doch wagte ihm keiner zu widersprechen, denn er hatte unmenschlich viel Geld. Der dritte war ein schöner junger Mann, der am besten tanzte weit und breit und daher den Namen Tanzbodenkönig hatte. Er war ein armer Mensch gewesen und hatte bei einem Holzherrn als Knecht gedient; da wurde er auf einmal steinreich; die einen sagten, er habe unter einer alten Tanne einen Topf voll Geld gefunden, die andern behaupteten, er habe unweit Bingen im Rhein mit der Stechstange, womit die Flözer zuweilen nach den Fischen stechen, einen Pack mit Goldstücken heraufgefischt, und der Pack gehöre zu dem großen Nibelungenhort, der dort vergraben liegt; kurz, er war auf einmal reich geworden und wurde von jung und alt angesehen wie ein Prinz.

An diese drei Männer dachte Kohlenmunk-Peter oft, wenn er einsam im Tannenwald saß. Zwar hatten alle drei einen Hauptfehler, der sie bei den Leuten verhaßt machte, es war dies ihr unmenschlicher Geiz, ihre Gefühllosigkeit gegen Schuldner und Arme; denn die Schwarzwälder sind ein gutmütiges Völklein; aber man weiß, wie es mit solchen Dingen geht; waren sie auch wegen ihres Geizes verhaßt, so standen sie doch wegen ihres Geldes in Ansehen; denn wer konnte Taler wegwerfen wie sie, als ob man das Geld von den Tannen schüttelte?

„So geht es nicht mehr weiter“, sagte Peter eines Tages schmerzlich betrübt zu sich, denn tags zuvor war Feiertag gewesen und alles Volk in der Schenke, „wenn ich nicht bald auf den grünen Zweig komme, so tu ich mir etwas zuleid; wär'ich doch nur so angesehen und reich wie der dicke Ezechiel oder so kühn und so gewaltig wie der lange Schlurker oder so berühmt und könnte den Musikanten Taler statt Kreuzer zuwerfen wie der Tanzbodenkönig! Wo nur der Bursche das Geld her hat?“ Allerlei

Mittel ging er durch, wie man sich Geld erwerben könne, aber keines wollte ihm gefallen; endlich fielen ihm auch die Sagen von Leuten ein, die vor alten Zeiten durch den Holländer-NEchel und durch das Glasmännlein reich geworden waren. Solang' sein Vater noch lebte, kamen oft andere arme Leute zu Besuch, und da wurde oft lang und breit von reichen Menschen gesprochen, und wie sie reich geworden; da spielte nun oft das Glasmännlein eine Rolle; ja, wenn er recht nachsann, konnte er sich beinahe noch des Versleins erinnern, das man am Tannenbühl in der Mitte des Waldes sprechen mußte, wenn es erscheinen sollte. Es fing an:

„Schatzhauser im grünen Tannenwald,
Bist schon viel hundert Jahre alt,
Dir gehört all Land, wo Tannen stehn"

Aber er mochte sein Gedächtnis anstrengen, wie er wollte, weiter konnte er sich keines Verses mehr entsinnen. Er dachte oft, ob er nicht diesen oder jenen alten Mann fragen sollte, wie das Sprüchlein heiße; aber immer hielt ihn eine gewisse Scheu, seine Gedanken zu verraten, ab, auch schloß er, es müsse die Sage vom Glasmännlein nicht sehr bekannt sein und den Spruch müssen nur wenige wissen; denn es gab nicht viele reiche Leute im Wald, und warum hatten denn nicht sein Vater und die andern armen Leute ihr Glück versucht? Er brachte endlich einmal seine Mutter auf das Männlein zu sprechen, und diese erzählte ihm, was er schon wußte, kannte auch nur noch die erste Zeile von dem Spruch und sagte ihm endlich, nur Leuten, die an einem Sonntag zwischen elf und zwei Uhr geboren seien, zeige sich das Geistchen. Er selbst würde wohl dazu passen, wenn er nur das Sprüchlein wüßte; denn er sei Sonntags mittags zwölf Uhr geboren.

Als dies der Kohlenmunk-Peter hörte, war er vor Freude und vor Begierde, dies Abenteuer zu unternehmen, beinahe außer sich. Es schien ihm hinlänglich, einen Teil des Sprüchleins zu wissen und am Sonntag geboren zu sein, und Glasmännlein mußten sich ihm zeigen. Als er daher eines Tages seine Kohlen verkauft hatte, zündete er keinen neuen Meiler an, sondern zog seines Vaters Staatswams und neue rote Strümpfe an, setzte den Sonntagshut auf, faßte seinen fünf Fuß hohen Schwarzdornstock in die Hand und nahm von der Mutter Abschied: „Ich muß aufs Amt in die Stadt, denn wir werden bald spielen müssen, wer Soldat wird, und da will ich dem Amtmann nur noch einmal einschärfen, daß Ihr Witwe seid und ich Euer einziger Sohn." Die Mutter lobte seinen Entschluß, er aber machte sich auf nach dem Tannenbühl. Der Tannenbühl liegt auf der höchsten Höhe des Schwarzwaldes, und auf zwei Stunden im Umkreis stand damals kein Dorf, ja nicht einmal eine Hütte; denn die abergläubischen Leute meinten, es sei dort unsicher. Man schlug auch, so hoch und prachtvoll dort die Tannen standen, ungern Holz in jenem Revier; denn oft waren den Holzhauern, wenn sie dort arbeiteten, die Äxte vom Stiel gesprungen und in den Fuß gefahren, oder die Bäume waren schnell umgestürzt und hatten die Männer mit umgerissen und beschädigt oder gar getötet; auch hätte man die schönsten Bäume von dorther nur zu Brennholz brauchen können, denn die Floßherren nahmen nie einen Stamm aus dem Tannenbühl unter ein Floß auf, weil die Sage ging, daß Mann und Holz verunglücke, wenn ein Tannenbühler mit im Wasser sei. Daher kam es, daß im Tannenbühl die Bäume so dicht und so hoch standen, daß es am hellen Tag beinahe Nacht war, und Peter Munk wurde es ganz schaurig dort zumute; denn er hörte keine Stimme, keinen Tritt als den seinigen, keine Axt; selbst die Vögel schienen diese dichte Tannennacht zu vermeiden.

Kohlenmunk-Peter hatte jetzt den höchsten Punkt des Tannenbühls erreicht und stand vor einer Tanne von ungeheurem Umfang, um die ein holländischer Schiffsherr an Ort und Stelle viele hundert Gulden gegeben hätte. „Hier", dachte er, „wird wohl der Schatzhauser wohnen", zog seinen großen Sonntagshut, machte vor dem Baum eine tiefe Verbeugung, räusperte sich und sprach mit zitternder Stimme: „Wünsche glückseligen Abend, Herr Glasmann." Aber es erfolgte keine Antwort, und alles umher war so still wie zuvor. „Vielleicht muß ich doch das Verslein sprechen", dachte er weiter und murmelte:

„Schatzhauser im grünen Tannenwald,
Bist schon viel hundert Jahre alt,
Dir gehört all Land, wo Tannen stehn“

Indem er diese Worte sprach, sah er zu seinem großen Schrekken eine ganz kleine, sonderbare Gestalt hinter der dicken Tanne hervorschauen; es war ihm, als habe er das Glasmännlein gesehen, wie man es beschrieben, das schwarze Wämschen, die roten Strümpfchen, das Hütchen, alles war so, selbst das blasse, aber feine und kluge Gesichtchen, wovon man erzählte, glaubte er gesehen zu haben. Aber ach, so schnell es hervorgeschaut hatte, das Glasmännlein, so schnell war es auch wieder verschwunden! „Herr Glasmann“, rief nach einigem Zögern Peter Munk, „seid so gütig und haltet mich nicht zum Narren. Herr Glasmann, wenn Ihr meint, ich habe Euch nicht gesehen, so täuschet Ihr Euch sehr, ich sah Euch wohl hinter dem Baum hervorgucken.“ Immer keine Antwort, nur zuweilen glaubte er ein leises, heiseres Kichern hinter dem Baum zu vernehmen. Endlich überwand seine Ungeduld die Furcht, die ihn bis jetzt noch abgehalten hatte. „Warte, du kleiner Bursche“, rief er, „dich will ich bald haben!“, sprang mit einem Satz hinter die Tanne, aber da war kein Schatzhauser im grünen Tannenwald, und nur ein kleines, zierliches Eichhörnchen jagte an dem Baum hinauf.

Peter Munk schüttelte den Kopf; er sah ein, daß er die Beschwörung bis auf einen gewissen Grad gebracht habe und daß ihm vielleicht nur noch ein Reim zu dem Sprüchlein fehle, so könne er das Glasmännlein hervorlocken; aber er sann hin, er sann her, und fand nichts. Das Eichhörnchen zeigte sich an den untersten Ästen der Tanne und schien ihn aufzumuntern oder zu verspotten. Es putze sich, es rollte den schönen Schweif, es schaute ihn mit klugen Augen an, aber endlich fürchtete er sich doch beinahe, mit diesem Tier allein zu sein; denn bald schien das Eichhörnchen einen Menschenkopf zu haben und einen dreispitzigen Hut zu tragen, bald war es ganz wie ein anderes Eichhörnchen und hatte nur an den Hinterfüßen rote Strümpfe und schwarze Schuhe. Kurz, es war ein lustiges Tier; aber dennoch graute Kohlenpeter; denn er meinte, *es gehe nicht mit rechten Dingen zu.*

Mit schnelleren Schritten, als er gekommen war, zog Peter wieder ab. Das Dunkel des Tannenwaldes schien immer schwärzer zu werden, die Bäume standen immer dichter, und ihm fing an so zu grauen, daß er im Trab davonjagte, und erst, als er in der Ferne Hunde bellen hörte und bald darauf den Rauch einer Hütte erblickte, wurde er wieder ruhiger. Aber als er näher kam und die Tracht der Leute in der Hütte erblickte, fand er, daß er aus Angst gerade die entgegengesetzte Richtung genommen und statt zu den Glasleuten zu den Flözern gekommen sei. Die Leute, die in der Hütte wohnten, waren Holzfäller; ein alter Mann, sein Sohn, der Hauswirt und einige erwachsene Enkel. Sie nahmen Kohlenmunk-Peter, der um ein Nachtlager bat, gut auf, ohne nach seinem Namen und Wohnort zu fragen, gaben ihm Apfelwein zu trinken, und abends wurde ein großer Auerhahn aufgesetzt.

Nach dem Nachtessen setzten sich die Hausfrau und ihre Töchter mit ihren Kunkeln um den großen Lichtspan, den die Jungen mit dem feinsten Tannenharz unterhielten, der Großvater, der Gast und der Hauswirt rauchten und schauten den Weibem zu, die Burschen aber waren beschäftigt, Löffel und Gabeln aus Holz zu schnitzeln. Draußen im Wald heulte der Sturm und raste in den Tannen, man hörte da und dort sehr heftige Schläge, und es schien oft, als ob ganze Bäume abgeknickt würden und zusammenkrachten. Die furchtlosen Jungen wollten hinaus in den Wald laufen und dieses furchtbar schöne Schauspiel mit ansehen, ihr Großvater aber hielt sie mit strengem Wort und Blick zurück. „Ich will keinem raten, daß er jetzt vor die Tür geht“, rief er ihnen zu, „bei Gott, der kommt nimmermehr wieder; denn der Holländer-Michel haut sich heute nacht ein neues G'stair (Floßgelenke) im Wald.“

Die Kleinen staunten ihn an; sie mochten von dem Holländer-Michel schon gehört haben, aber sie baten jetzt den Ehni, einmal recht schön von jenem zu erzählen. Auch Peter Munk, der vom Holländer-Michel auf der anderen Seite des Waldes nur undeutlich hatte sprechen hören, stimmte mit ein und fragte den Alten, wer und wo er sei. „Er ist der Herr dieses

Waldes, und nach dem zu schließen, daß Ihr in Eurem Alter dies noch nicht erfahren, müßt Ihr drüben über dem Tannenbühl oder wohl gar noch weiter zu Hause sein. Vom Holländer-Michel will ich Euch aber erzählen, was ich weiß, und wie die Sage von ihm geht. Vor etwa hundert Jahren, so erzählte es wenigstens mein Ehni, war weit und breit kein ehrlicheres Volk auf Erden als die Schwarzwälder. Jetzt, seit so viel Geld im Land ist, sind die Menschen unredlich und schlecht. Die jungen Burschen tanzen und johlen am Sonntag und fluchen, daß es ein Schrecken ist; damals war es aber anders, und wenn er jetzt zum Fenster dort hereinschaute, so sag' ich's und hab' es oft gesagt, der Holländer-Michel ist schuld an all dieser Verderbnis. Es lebte also vor hundert Jahren und drüber ein reicher Holzherr, der viel Gesind hatte; er handelte bis weit in den Rhein hinab, und sein Geschäft war gesegnet, denn er war ein frommer Mann. Kommt eines Abends ein Mann an seine Türe, dergleichen er noch nie gesehen. Seine Kleidung war wie die der Schwarzwälder Burschen, aber er war einen guten Kopf höher als alle, und man hatte noch nie geglaubt, daß es einen solchen Riesen geben könne. Dieser bittet um Arbeit bei dem Holzherrn, und der Holzherr, der ihm ansah, daß er stark und zu großen Lasten tüchtig sei, rechnet mit ihm seinen Lohn, und sie schlagen ein. Der Michel war ein Arbeiter, wie selbiger Holzherr noch keinen gehabt. Beim Baumschlagen galt er für drei, und wenn sechs an einem Ende schleppten, trug er allein das andere. Als er aber ein halb Jahr Holz geschlagen, trat er eines Tages vor seinen Herrn und begehrte von ihm: „Hab' jetzt lang genug hier Holz gehackt, und so möcht' ich auch sehen, wohin meine Stämme kommen, und wie wär' es, wenn Ihr mich auch 'nmal auf das Floß ließet?“

Der Holzherr antwortete: „Ich will dir nicht im Weg sein, Michel, wenn du ein wenig hinaus willst in die Welt, und zwar beim Holzfällen brauche ich starke Leute, wie du bist, auf dem Floß aber kommt es auf Geschicklichkeit an, aber es sei für diesmal.“

Und so war es; das Floß, mit dem er abgehen sollte, hatte acht Glaich (Glieder), und waren im letzten von den größten Zimmerbalken. Aber was geschah? Am Abend zuvor bringt der lange Michel noch acht Balken ans

Wasser, so dick und lang, als man keinen je sah, und jeden trug er so leicht auf der Schulter wie eine Flözerstange, so daß sich alles entsetzte. Wo er sie gehauen, weiß bis heute noch niemand. Dem Holzherrn lachte das Herz, als er dies sah; denn er berechnete, was diese Balken kosten könnten; Michel aber sagte: „So, die sind für mich zum Fahren; auf den kleinen Spänen dort kann ich nicht fortkommen." Sein Herr wollte ihm zum Dank ein paar Flözerstiefel schenken; aber er warf sie auf die Seite und brachte ein Paar hervor, wie es sonst keine gab; mein Großvater hat versichert, sie haben hundert Pfund gewogen und seien fünf Fuß lang gewesen.

Das Floß fuhr ab, und hatte der Michel früher die Holzhauer in Verwunderung gesetzt, so staunten jetzt die Flözer; denn statt daß das Floß, wie man wegen der ungeheuern Balken geglaubt hatte, langsamer auf dem Fluß ging, flog es, sobald sie in den Neckar kamen, wie ein Pfeil; machte der Neckar eine Wendung und hatten sonst die Flözer Mühe gehabt, das Floß in der Mitte zu halten, um nicht auf Kies oder Sand zu stoßen, so sprang jetzt Michel allemal ins Wasser, rückte mit einem Zug das Floß links oder rechts, so daß es ohne Gefahr vorüberglitt, und kam dann eine gerade Stelle, so lief er aufs erste G'stair (Gelenk) vor, ließ alle ihre Stangen beisetzen, steckte seinen ungeheuren Weberbaum in den Kies, und mit *einem* Druck flog das Floß dahin, daß das Land und Bäume und Dörfer vorbeizujagen schienen. So waren sie in der Hälfte der Zeit, die man sonst brauchte, nach Köln am Rhein gekommen, wo sie sonst ihre Ladung verkauft hatten; aber hier sprach Michel: „Ihr seid mir rechte Kaufleute und versteht euren Nutzen! Meinet ihr denn, die Kölner brauchen all dies Holz, das aus dem Schwarzwald kommt, für sich? Nein, um den halben Wert kaufen sie es euch ab und verhandeln es teuer nach Holland. Lasset uns die kleinen Balken hier verkaufen und mit den großen nach Holland gehen; was wir über den gewöhnlichen Preis lösen, ist unser eigener Profit."

So sprach der arglistige Michel, und die anderen waren es zufrieden; die einen, weil sie gerne nach Holland gezogen wären, es zu sehen, die anderen des Geldes wegen. Nur ein einziger war redlich und mahnte sie ab, das Gut ihres Herrn der Gefahr auszusetzen oder ihn um den höheren Preis zu betrügen, aber sie hörten nicht auf ihn und vergaßen seine Worte, aber der Holländer-Michel vergaß sie nicht. Sie fuhren auch mit dem Holz den Rhein hinab, und Michel leitete das Floß und brachte sie schnell bis nach Rotterdam. Dort bot man ihnen das Vierfache von dem früheren Preis, und besonders die ungeheuren Balken des Michel wurden mit schwerem Geld bezahlt. Als die Schwarzwälder so viel Geld sahen, wußten sie sich vor Freude nicht zu fassen. Michel teilte ab, einen Teil dem Holzherrn, die drei anderen unter die Männer. Und nun setzten sie sich mit Matrosen und anderem schlechten Gesindel in die Wirtshäuser, verschlemmten und verspielten ihr Geld; den braven Mann aber, der ihnen abgeraten, verkaufte der Holländer-Michel an einen Seelenverkäufer, und man hat nichts mehr von ihm gehört. Von da an war den Burschen im Schwarzwald Holland das Paradies und Holländer-Michel ihr König; die Holzherren erfuhren lange nichts von dem Handel, und unvermerkt kamen Geld, Flüche, schlechte Sitten, Trunk und Spiel aus Holland herauf.

Der Holländer-Michel war, als die Geschichte herauskam, nirgends zu finden, aber tot ist er auch nicht; seit hundert Jahren treibt er seinen Spuk im Wald, und man sagt, daß er schon vielen behilflich gewesen sei, reich zu werden, aber auf Kosten ihrer armen Seele, und mehr will ich nicht sagen. Aber so viel ist gewiß, daß er noch jetzt in solchen Sturmnächten im Tannenbühl, wo man nicht hauen soll, überall die schönsten Tannen aussucht, und mein Vater hat ihn eine vier Schuh dicke umbrechen sehen wie ein Rohr. Mit diesen beschenkt er die, welche sich vom Rechten abwenden und zu ihm gehen; um Mitternacht bringen sie dann die G'stair ins Wasser, und er rudert mit ihnen nach Holland. Aber wäre ich Herr und König in Holland, ich ließe ihn mit Kartätschen in den Boden schmettern; denn alle Schiffe, die von dem Holländer-Michel auch nur einen Balken haben, müssen untergehen. Daher kommt es, daß man von so vielen Schiffbrüchigen hört; wie könnte denn sonst ein schönes, starkes Schiff , so groß als eine Kirche, zugrund gehen auf dem Wasser? Aber so oft Holländer-Michel in einer Sturmnacht im Schwarzwald eine Tanne fällt, springt eine seiner alten aus den Fugen des Schiffes; das Wasser dringt ein, und das Schiff ist mit Mann und Maus verloren. Das ist die Sage vom Holländer-Michel, und wahr ist es, alles Böse im Schwarzwald schreibt sich von ihm her; o! Er kann einen reich machen", setzte der Greis geheimnisvoll hinzu, „aber ich möchte nichts von ihm haben; ich möchte um keinen Preis in der Haut des *dicken Ezechiel* und des *langen Schlurkers* stecken; auch der *Tanzbodenkönig* soll sich ihm ergeben haben!" Der Sturm hatte sich während der Erzählung des Alten gelegt; die Mädchen zündeten schüchtern die Lampen an und gingen weg; die Männer aber legten Peter Munk einen Sack voll Laub als Kopfkissen auf die Ofenbank und wünschten ihm gute Nacht.

Kohlenmunk-Peter hatte noch nie so schwere Träume gehabt wie in dieser Nacht; bald glaubte er, der finstere, riesige Holländer-Michel reiße die Stubenfenster auf und reiche mit seinem ungeheuer langen Arm einen Beutel voll Goldstücke herein, die er untereinander schüttelte, daß es hell und lieblich klang; bald sah er wieder das kleine, freundliche Glasmännchen auf einer ungeheuren grünen Flasche im Zimmer umherreiten, und er meinte das heisere Lachen wiederzuhören wie im Tannenbühl; dann brummte es ihm wieder ins linke Ohr:

„In Holland gibt's Gold!
Könnet's haben, wenn Ihr wollt
Um geringen Sold
Gold, Gold!"

Dann hörte er wieder in sein rechtes Ohr das Liedchen vom Schatzhauser im grünen Tannenwald, und eine zarte Stimme flüsterte: „Dummer Kohlenpeter, dummer Peter Munk, kannst kein Sprüchlein reimen auf *stehen*, und bist doch am Sonntag geboren Schlag zwölf Uhr. Reime, dummer Peter, reime!"

Er ächzte, er stöhnte im Schlaf, er mühte sich ab, einen Reim zu finden, aber da er in seinem Leben noch keinen gemacht hatte, war seine Mühe im Traume vergebens. Als er aber mit dem ersten Frührot erwachte, kam ihm doch sein Traum sonderbar vor; er setzte sich mit verschränkten Armen hinter den Tisch und dachte über die Einflüsterungen nach, die ihm noch immer im Ohr lagen; „reime, dummer Kohlenmunk-Peter, reime“, sprach er zu sich und pochte mit dem Finger an seine Stirn, aber es wollte kein Reim hervorkommen. Als er noch so dasaß und trübe vor sich hinschaute und an den Reim auf stehen dachte, da zogen drei Burschen vor dem Hause vorbei in den Wald, und einer sang im Vorübergehen:

„Am Berge tat ich stehen,
Und schaute in das Tal,
Da hab' ich sie gesehen
Zum allerletztenmal.“

Das fuhr wie ein leuchtender Blitz durch Peters Ohr, und hastig raffte er sich auf, stürzte aus dem Haus, weil er meinte, nicht recht gehört zu haben, sprang den drei Burschen nach und packte den Sänger hastig und unsanft beim Arm. „Halt, Freund!“ rief er, „was habt Ihr da auf stehen gereimt, tut mir die Liebe und sprecht, was Ihr gesungen.“

„Was ficht's dich an, Bursche?“ entgegnete der Schwarzwälder. „Ich kann singen, was ich will, und laß gleich meinen Arm los, oder“

„Nein, sagen sollst du, was du gesungen hast!“ schrie Peter beinahe außer sich und packte ihn noch fester an; die zwei anderen aber, als sie dies sahen, zögerten nicht lange, sondern fielen mit derben Fäusten über den armen Peter her und walkten ihn derb, bis er vor Schmerzen das Gewand des dritten ließ und erschöpft in die Knie sank. „Jetzt hast du dein Teil“, sprachen sie lachend, „und merk dir, toller Bursche, daß du Leute, wie wir sind, nimmer anfällst auf offenem Wege.“

„Ach, ich will mir es gewißlich merken!“ erwiderte Kohlenpeter seufzend, „aber so ich die Schläge habe, seid so gut und saget deutlich, was jener gesungen!“

Da lachten sie aufs neue und spotteten ihn aus; aber der das Lied gesungen, sagte es ihm vor, und lachend und singend zogen sie weiter.

„Also *sehen*“, sprach der arme Geschlagene, indem er sich mühsam aufrichtete, „ *sehen* auf *stehen* jetzt, Glasmännlein, wollen wir wieder ein Wort zusammen sprechen.“ Er ging in die Hütte, holte seinen Hut und den langen Stock, nahm Abschied von den Bewohnern der Hütte und trat seinen Rückweg nach dem Tannenbühl an. Er ging langsam und sinnend seine Straße, denn er mußte ja einen Vers ersinnen; endlich, als er schon in dem Bereich des Tannenbühls ging und die Tannen höher und dichter wurden, hatte er auch seinen Vers gefunden und machte vor Freude einen Sprung in die Höhe. Da trat ein riesengroßer Mann in Flözerkleidung und eine Stange so lang wie ein Mastbaum in der Hand hinter den Tannen hervor. Peter Munk sank beinahe in die Knie, als er jenen langsamen Schrittes neben sich wandeln sah; denn er dachte, das ist der Holländer-Michel und kein anderer. Noch immer schwieg die furchtbare Gestalt, und Peter schielte zuweilen furchtsam nach ihm hin. Er war wohl einen Kopf größer als der längste Mann, den Peter je gesehen; sein Gesicht war nicht mehr jung, doch auch nicht alt, aber voll Furchen und Falten; er trug ein Wams von Leinwand, und die ungeheuren Stiefel, über die Lederbeinkleider heraufgezogen, waren Peter aus der Sage wohlbekannt.

„Peter Munk, was tust du im Tannenbühl?“ fragte der Waldkönig endlich mit tiefer, dröhnender Stimme.

„Guten Morgen, Landsmann“, antwortete Peter, indem er sich unerschrocken zeigen wollte, aber heftig zitterte, „ich will durch den Tannenbühl nach Haus zurück.“

„Peter Munk“, erwiderte jener und warf einen stechenden, furchtbaren Blick nach ihm herüber, „dein Weg geht nicht durch diesen Hain.“

„Nun, so gerade just nicht“, sagte jener, „aber es macht heute warm, da dachte ich, es wird hier kühler sein.“

„Lüge nicht, du, Kohlenpeter!“ rief Holländer-Michel mit donnernder Stimme, „oder ich schlag' dich mit der Stange zu Boden; meinst, ich hab' dich nicht betteln sehen bei dem Kleinen?“ setzte er sanft hinzu. „Geh, geh, das war ein dummer Streich, und gut ist es, daß du das Sprüchlein nicht wußtest; er ist ein Knauser, der kleine Kerl, und gibt nicht viel, und wem er gibt, der wird seines Lebens nicht froh. Peter, du bist ein armer Tropf und dauerst mich in der Seele; so ein munterer, schöner Bursche, der in der Welt was anfangen könnte, und sollst Kohlen brennen! Wenn andere große Taler oder Dukaten aus dem Ärmel schütteln, kannst du kaum ein paar Sechser aufwenden; 's ist ein ärmlich Leben."

„Wahr ist's, und recht habt Ihr, ein elendes Leben."

„Na, mir soll's nicht drauf ankommen", fuhr der schreckliche Michel fort, „hab' schon manchem braven Kerl aus der Not geholfen, und du wärest nicht der erste. Sag' einmal, wieviel hundert Taler brauchst du fürs erste?"

Bei diesen Worten schüttelte er das Geld in seiner ungeheuren Tasche untereinander, und es klang wieder wie diese Nacht im Traum. Aber Peters Herz zuckte ängstlich und schmerzhaft bei diesen Worten, es wurde ihm kalt und warm, und der Holländer-Michel sah nicht aus, wie wenn er aus Mitleid Geld wegschenkte, ohne etwas dafür zu verlangen. Es fielen ihm die geheimnisvollen Worte des alten Mannes über die reichen Menschen ein, und von unerklärlicher Angst und Bangigkeit gejagt, rief er: „Schönen Dank, Herr! Aber mit Euch will ich nichts zu schaffen haben, und ich kenn' Euch schon", und lief, was er laufen konnte.

Aber der Waldgeist schritt mit ungeheuren Schritten neben ihm her und murmelte dumpf und drohend: „Wirst's noch bereuen, Peter, auf deiner Stirne steht's geschrieben, in deinem Auge ist's zu lesen; du entgehst mir nicht. Lauf nicht so schnell, höre nur noch ein vernünftges Wort, dort ist schon meine Grenze!"

Aber als Peter dies hörte und unweit vor ihm einen kleinen Graben sah, beeilte er sich nur noch mehr, über die Grenze zu kommen, so daß Michel am Ende schneller laufen mußte und unter Flüchen und Drohungen ihn verfolgte. Der junge Mann setzte mit einem verzweifelten Sprung über den Graben; denn er sah, wie der Waldgeist mit seiner Stange ausholte und sie auf ihn niederschmettern lassen wollte; er kam glücklich jenseits an, und die Stange zersplitterte in der Luft, wie an einer unsichtbaren Mauer, und ein langes Stück fiel zu, Peter herüber. Triumphierend hob er es auf, um es dem groben Holländer-Michel zuzuwerfen; aber in diesem Augenblick fühlte er das Stück Holz in seiner Hand sich bewegen, und zu seinem Entsetzen sah er, daß es eine ungeheure Schlange sei, was er in der Hand hielt, die sich schon mit geifernder Zunge und mit blitzenden Augen an ihm hinaufbäumte. Er ließ sie los; aber sie hatte sich schon fest um seinen Arm gewickelt und kam mit schwankendem Kopfe seinem Gesicht immer näher; da rauschte auf einmal ein ungeheurer Auerhahn nieder, packte den Kopf der Schlange mit dem Schnabel, erhob sich mit ihr in die Lüfte, und Holländer-Michel, der dies alles von dem Graben aus gesehen hatte, heulte und schrie und raste, als die Schlange von einem Gewaltigeren entführt ward.

Erschöpft und zitternd setzte Peter seinen Weg fort; der Pfad wurde steiler, die Gegend wilder, und bald befand er sich an der ungeheuren Tanne. Er machte wieder seine Verbeugungen gegen das unsichtbare Glasmännlein und hub dann an:

„Schatzhauser im grünen Tannenwald,
Bist schon viel hundert Jahre alt,
Dein ist all Land, wo Tannen stehn,
Läßt dich nur Sonntagskindern sehn."

„Hast's zwar nicht ganz getroffen; aber weil du es bist, Kohlenmunk-Peter, so soll es hingehen", sprach eine zarte, feine Stimme neben ihm. Erstaunt sah er sich um, und unter einer schönen Tanne saß ein kleines, altes Männlein in schwarzem Wams und roten Strümpfen und den großen Hut auf dem Kopf. Er hatte ein feines, freundliches Gesichtchen und ein Bärtchen so zart wie aus Spinnweben; er rauchte, was sonderbar anzusehen war, aus einer Pfeife von blauem Glas, und als Peter näher trat, sah er zu seinem Erstaunen, daß auch Kleider, Schuhe und Hut des Kleinen aus gefärbtem Glas bestanden; aber es war geschmeidig, als ob es noch heiß wäre; denn es schmiegte sich wie Tuch nach jeder Bewegung des Männleins.

„Du bist dem Flegel begegnet, dem Holländer-Michel?“ sagte der Kleine, indem er zwischen jedem Wort sonderbar hüstelte, „er hat dich recht ängstigen wollen, aber seinen Kunstprügel habe ich ihm abgejagt, den soll er nimmer wiederkriegen.“

„Ja, Herr Schatzhauser“, erwiderte Peter mit einer tiefen Verbeugung, „es war mir recht bange. Aber Ihr seid wohl der Herr Auerhahn gewesen, der die Schlange totgebissen; da bedanke ich mich schönstens. Ich komme aber, um mir Rat zu holen bei Euch; es geht mir gar schlecht und hinderlich; ein Kohlenbrenner bringt es nicht weit, und da ich noch jung bin, dächte ich doch, es könnte noch was Besseres aus mir werden; und wenn ich oft andere sehe, wie weit die es in kurzer Zeit gebracht haben; wenn ich nur den Ezechiel nehme und den Tanzbodenkönig, die haben Geld wie Heu.“

„Peter“, sagte der Kleine sehr ernst und blies den Rauch aus seiner Pfeife weit hinweg; „Peter, sag mir nichts von *diesen*. Was haben sie davon, wenn sie hier ein paar Jahre dem Schein nach glücklich und dann nachher desto unglücklicher sind? Du mußt dein Handwerk nicht verachten; dein Vater und Großvater waren Ehrenleute und haben es auch getrieben, Peter Munk! Ich will nicht hoffen, daß es Liebe zum Müßiggang ist, was dich zu mir führt.“

Peter erschrak vor dem Ernst des Männleins und errötete. „Nein“, sagte er, „Müßiggang ist aller Laster Anfang, aber das könnet Ihr mir nicht übelnehmen, wenn mir ein anderer Stand besser gefällt als der meinige. Ein Kohlenbrenner ist halt so gar etwas Geringes auf der Welt, und die Glasleute und Flözer und Uhrmacher und alle sind angesehener.“

„Hochmut kommt oft vor dem Fall“, erwiderte der kleine Herr vom Tannenwald etwas freundlicher. „Ihr seid ein sonderbar Geschlecht, ihr Menschen! Selten ist einer mit dem Stand ganz zufrieden, in dem er geboren und erzogen ist, und was gilt's, wenn du ein Glasmann wärest, möchtest du gern ein Holzherr sein, und wärest du Holzherr, so stünde dir des Försters Dienst oder des Amtmanns Wohnung an. Aber es sei: Wenn du versprichst, brav zu arbeiten, so will ich dir zu etwas Besserem verhelfen, Peter. Ich pflege jedem Sonntagskind, das sich zu mir zu finden weiß, drei Wünsche zu gewähren. Die ersten zwei sind frei; den dritten kann ich verweigern, wenn er töricht ist. So wünsche dir also jetzt etwas; aber Peter, etwas Gutes und Nützliches!"

„Heisa! Ihr seid ein treffliches Glasmännlein, und mit Recht nennt man Euch Schatzhauser, denn bei Euch sind die Schätze zu Hause. Nu und also darf ich wünschen, wonach mein Herz begehrt, so will ich denn fürs erste, daß ich noch besser tanzen könne als der Tanzbodenkönig; und jedesmal noch einmal so viel Geld ins Wirtshaus bringe als er."

„Du Tor!" erwiderte der Kleine zürnend. „Welch ein erbärmlicher Wunsch ist dies, gut tanzen zu können und Geld zum Spiel zu haben! Schämst du dich nicht, dummer Peter, dich selbst so um dein Glück zu betrügen? Was nützt es dir und deiner armen Mutter, wenn du tanzen kannst? Was nützt dir dein Geld, das nach deinem Wunsch nur für das Wirtshaus ist und wie das des elenden Tanzbodenkönigs dort bleibt? Dann hast du wieder die ganze Woche nichts und darbst wie zuvor. Noch *einen* Wunsch gebe ich dir frei; aber sieh dich vor, daß du vernünftiger wünschest!"

Peter kratzte sich hinter den Ohren und sprach nach einigem Zögern: „Nun, so wünsche ich mir die schönste und reichste Glashütte im ganzen Schwarzwald mit allem Zubehör und Geld, sie zu leiten."

„Sonst nichts?" fragte der Kleine mit besorglicher Miene. „Peter, sonst nichts?"

„Nun Ihr könnet noch ein Pferd dazutun und ein Wägelchen"

„Oh, du dummer Kohlenmunk-Peter!" rief der Kleine und warf seine gläserne Pfeife im Unmut an eine dicke Tanne, daß sie in hundert Stücke sprang. „Pferde? Wägelchen? Verstand, sag' ich dir, Verstand, gesunden Menschenverstand und Einsicht hättest du wünschen sollen, aber nicht Pferdchen und Wägelchen. Nun, werde nur nicht so traurig, wir wollen sehen, daß es auch so nicht zu deinem Schaden ist; denn der zweite Wunsch war im ganzen nicht töricht. Eine gute Glashütte nährt auch ihren Mann und Meister; nur hättest du Einsicht und Verstand dazu mitnehmen können, Wagen und Pferde wären dann wohl von selbst gekommen."

„Aber, Herr Schatzhauser", erwiderte Peter, „ich habe ja noch einen Wunsch übrig; da könnte ich ja Verstand wünschen, wenn er mir so nötig ist, wie Ihr meinet."

„Nichts da; du wirst noch in manche Verlegenheit kommen, wo du froh sein wirst, wenn du noch einen Wunsch frei hast; und nun mache dich auf den Weg nach Hause. Hier sind", sprach der kleine Tannengeist, indem er ein kleines Beutelein aus der Tasche zog, „hier sind zweitausend Gulden, und damit genug, und komm mir nicht wieder, um Geld zu fordern, denn dann müßte ich dich an die höchste Tanne aufhängen! So hab' ich's gehalten, seit ich in dem Wald wohne. Vor drei Tagen aber ist der alte Winkfritz gestorben, der die große Glashütte gehabt hat im Unterwald. Dorthin gehe morgen frühe und mach ein Bot auf das Gewerbe, wie es recht ist! Halt dich wohl, sei fleißig, und ich will dich zuweilen besuchen und dir mit Rat und Tat an die Hand gehen, weil du dir doch keinen Verstand erbeten. Aber, das sag' ich dir ernstlich, dein erster Wunsch war böse. Nimm dich in acht vor dem Wirtshauslaufen, Peter! 's hat noch bei keinem lange gut getan." Das Männlein hatte, während es dies sprach, eine neue Pfeife vom schönsten Beinglas hervorgezogen, sie mit gedörrten Tannenzapfen gestopft und in den kleinen, zahnlosen Mund gesteckt. Dann zog es ein ungeheures Brennglas hervor, trat in die Sonne und zündete seine Pfeife an. Als er damit fertig war, bot er dem Peter freundlich die Hand, gab ihm noch ein paar gute Lehren auf den Weg, rauchte und blies immer schneller und verschwand endlich in einer Rauchwolke, die nach echtem holländischem Tabak roch und, langsam sich kräuselnd, in den Tannenwipfeln vorschwebte.

Als Peter nach Hause kam, fand er seine Mutter sehr in Sorgen um ihn; denn die gute Frau glaubte nicht anders, als ihr Sohn sei zum Soldaten ausgehoben worden. Er aber war fröhlich und guter Dinge und erzählte ihr, wie er im Walde einen guten Freund getroffen, der ihm Geld vorgeschossen habe, um ein anderes Geschäft als Kohlenbrennen anzufangen. Obgleich seine Mutter schon seit dreißig Jahren in der

Köhlerhütte wohnte und an den Anblick berußter Leute so gewöhnt war als jede Müllerin an das Mehlgesicht ihres Mannes, so war sie doch eitel genug, sobald ihr Peter ein glänzenderes Los zeigte, ihren früheren Stand zu verachten und sprach: „Ja, als Mutter eines Mannes, der eine Glashütte besitzt, bin ich doch was anderes als Nachbarin Grete und Bete und setze mich in Zukunft vornehin in der Kirche, wo rechte Leute sitzen."

Ihr Sohn aber wurde mit den Erben der Glashütte bald handelseinig; er behielt die Arbeiter, die er vorfand, bei sich und ließ nun Tag und Nacht Glas machen. Anfangs gefiel ihm das Handwerk wohl; er pflegte gemächlich in die Glashütte hinabzusteigen, ging dort mit vornehmen Schritten, die Hände in die Taschen gesteckt, hin und her, guckte dahin, guckte dorthin, sprach dies und jenes, worüber seine Arbeiter oft nicht wenig lachten, und seine größte Freude war, das Glas blasen zu sehen, und oft machte er sich selbst an die Arbeit und formte aus der noch weichen Masse die sonderbarsten Figuren. Bald aber war ihm die Arbeit entleidet, und er kam zuerst nur noch eine Stunde des Tages in die Hütte, dann nur alle zwei Tage, endlich die Woche nur einmal, und seine Gesellen machten, was sie wollten.

Das alles kam aber nur vom Wirtshauslaufen. Den Sonntag, nachdem er vom Tannenbühl zurückgekommen war, ging er ins Wirtshaus, und wer schon auf dem Tanzboden sprang, war der Tanzbodenkönig, und der dicke Ezechiel saß auch schon hinter der Maßkanne und knöchelte um Kronentaler. Da fuhr Peter schnell in die Tasche, zu sehen, ob ihm das Glasmännlein Wort gehalten, und siehe, seine Tasche strotzte von Silber und Gold. Auch in seinen Beinen zuckte und drückte es, wie wenn sie tanzen und springen wollten, und als der erste Tanz zu Ende war, stellte er sich mit seiner Tänzerin oben an neben den Tanzbodenkönig, und sprang dieser drei Schuh hoch, so flog Peter vier, und machte dieser wunderliche und zierliche Schritte, so verschlang und drehte Peter seine Füße, daß alle Zuschauer vor Lust und Verwunderung beinahe außer sich kamen. Als man aber auf dem Tanzboden vernahm, daß Peter eine Glashütte gekauft habe, als man sah, daß er, so oft er an den Musikanten vorbeitanzte, ihnen einen Sechsbätzner zuwarf, da war des Staunens kein

Ende. Die einen glaubten, er habe einen Schatz im Walde gefunden, die anderen meinten, er habe eine Erbschaft getan, aber alle verehrten ihn jetzt und hielten ihn für einen gemachten Mann, nur weil er Geld hatte. Verspielte er doch noch an demselben Abend zwanzig Gulden, und nichtsdestominder rasselte und klang es in seiner Tasche, wie wenn noch hundert Taler darin wären.

Als Peter sah, wie angesehen er war, wußte er sich vor Freude und Stolz nicht zu fassen. Er warf das Geld mit vollen Händen weg und teilte es den Armen reichlich mit, wußte er doch, wie ihn selbst einst die Armut gedrückt hatte. Des Tanzbodenkönigs Künste wurden vor den übernatürlichen Künsten des neuen Tänzers zuschanden, und Peter führte jetzt den Namen Tanz-Kaiser. Die unternehmendsten Spieler am Sonntag wagten nicht so viel wie er, aber sie verloren auch nicht so viel. Und je mehr er verlor, desto mehr gewann er. Das verhielt sich aber ganz so, wie er es vom kleinen Glasmännlein verlangt hatte. Er hatte sich gewünscht, immer so viel Geld in der Tasche zu haben, wie der dicke Ezechiel. Und gerade dieser war es, an welchen er sein Geld verspielte. Und wenn er zwanzig, dreißig Gulden auf einmal verlor, so hatte er sie alsbald wieder in der Tasche, wenn sie Ezechiel einstrich. Nach und nach brachte er es aber im Schlemmen und Spielen weiter als die schlechtesten Gesellen im Schwarzwald, und man nannte ihn öfter Spielpeter als Tanzkaiser; denn er spielte jetzt auch beinahe an allen Werktagen. Darüber kam aber seine Glashütte nach und nach in Verfall, und daran war Peters Unverstand schuld. Glas ließ er machen, so viel man immer machen konnte; aber er hatte mit der Hütte nicht zugleich das Geheimnis gekauft, wohin man es am besten verschleißen könne. Er wußte am Ende mit der Menge Glas nichts anzufangen und verkaufte es um den halben Preis an herumziehende Händler, nur um seine Arbeiter bezahlen zu können.

Eines Abends ging er auch wieder vom Wirtshaus heim und dachte trotz des vielen Weines, den er getrunken, um sich fröhlich zu machen, mit Schrecken und Gram an den Verfall seines Vermögens. Da bemerkte er auf einmal, daß jemand neben ihm gehe; er sah sich um, und siehe da es war das Glasmännlein. Da geriet er in Zorn und Eifer, vermaß sich hoch und teuer und schwur, der Kleine sei an all seinem Unglück schuld. „Was tu' ich nun mit Pferd und Wägelchen?“ rief er. „Was nutzt mir die Hütte und all mein Glas? Selbst als ich noch ein elender Köhlersbursch war, lebte ich froher und hatte keine Sorgen. Jetzt weiß ich nicht, wann der Amtmann kommt und meine Habe schätzt und versteigert, der Schulden wegen!“

„So?“ entgegnete das Glasmännlein. „So? Ich also soll schuld daran sein, wenn du unglücklich bist? Ist dies der Dank für meine Wohltaten? Wer hieß dich so töricht wünschen? Ein Glasmann wolltest du sein und wußtest nicht, wohin dein Glas verkaufen? Sagte ich dir nicht, du solltest behutsam wünschen? Verstand, Peter, Klugheit hat dir gefehlt.“

„Was, Verstand und Klugheit!“ rief jener. „Ich bin ein so kluger Bursche als irgendeiner und will es dir zeigen, Glasmännlein“, und bei diesen Worten faßte er das Männlein unsanft am Kragen und schrie: „Hab' ich dich jetzt, Schatzhauser im grünen Tannenwald? Und den dritten Wunsch will ich jetzt tun, den sollst du mir gewähren. Und so will ich hier auf der Stelle zweimalhunderttausend harte Taler und ein Haus und o weh!“ schrie er und schüttelte die Hand; denn das Waldmännlein hatte sich in glühendes Glas verwandelt und brannte in seiner Hand wie sprühendes Feuer. Aber von dem Männlein war nichts mehr zu sehen.

Mehrere Tage lang erinnerte ihn seine geschwollene Hand an seine Undankbarkeit und Torheit. Dann aber übertäubte er sein Gewissen und sprach: „Und wenn sie mir die Glashütte und alles verkaufen, so bleibt mir doch immer der dicke Ezechiel. So lange der Geld hat am Sonntag, kann es mir nicht fehlen.“

Ja, Peter! Aber wenn er keines hat? –; Und so geschah es eines Tages und war ein wunderliches Rechenexempel. Denn eines Sonntags kam er angefahren ans Wirtshaus, und die Leute streckten die Köpfe durch die Fenster, und der eine sagte, da kommt der Spielpeter, und der andere, ja, der Tanzkaiser, der reiche Glasmann, und ein dritter schüttelte den Kopf und sprach: „Mit dem Reichtum kann man es machen, man sagt allerlei von seinen Schulden, und in der Stadt hat einer gesagt, der Amtmann werde nicht mehr lange säumen zum Auspfänden."

Indessen grüßte der reiche Peter die Gäste am Fenster vornehm und gravitätisch, stieg vom Wagen und schrie: „Sonnenwirt, guten Abend, ist der dicke Ezechiel schon da?"

Und eine tiefe Stimme rief: „Nur herein, Peter! Dein Platz ist dir aufbehalten, wir sind schon da und bei den Karten." So trat Peter Munk in die Wirtsstube, fuhr gleich in die Tasche und merkte, daß Ezechiel gut versehen sein müsse; denn seine Tasche war bis oben angefüllt. Er setzte sich hinter den Tisch zu den anderen und gewann und verlor hin und her, und so spielten sie, bis andere ehrliche Leute nach Hause gingen, und spielten bei Licht, bis zwei andere Spieler sagten: „Jetzt ist's genug, und wir müssen heim zu Frau und Kind."

Aber Spielpeter forderte den dicken Ezechiel auf zu bleiben. Dieser wollte lange nicht, endlich aber rief er: „Gut, jetzt will ich mein Geld zählen, und dann wollen wir knöchern, den Satz um fünf Gulden; denn niederer ist es doch nur Kinderspiel." Er zog den Beutel und zählte und fand hundert Gulden bar, und Spielpeter wußte nun, wieviel er selbst habe, und brauchte es nicht erst zu zählen. Aber hatte Ezechiel vorher gewonnen, so verlor er jetzt Satz für Satz und fluchte greulich dabei. Warf er einen Pasch, gleich warf Spielpeter auch einen und immer zwei Augen höher. Da setzte er endlich die letzten fünf Gulden auf den Tisch und rief: „Noch einmal, und wenn ich auch den noch verliere, so höre ich doch nicht auf; dann leihst du mir von deinem Gewinn, Peter! Ein ehrlicher Kerl hilft dem anderen."

„Soviel du willst, und wenn es hundert Gulden sein sollten", sprach der Tanzkaiser, fröhlich über seinen Gewinn, und der dicke Ezechiel schüttelte die Würfel und warf fünfzehn.

„Pasch!" rief er, „jetzt wollen wir sehen!"

Peter aber warf achtzehn, und eine heisere bekannte Stimme hinter ihm sprach: „So, das war der letzte."

Er sah sich um, und riesengroß stand der Holländer-Michel hinter ihm. Erschrocken ließ er das Geld fallen, das er schon eingezogen hatte. Aber der dicke Ezechiel sah den Waldmann nicht, sondern verlangte, der Spielpeter sollte ihm zehn Gulden vorstrecken zum Spiel; halb im Traum fuhr dieser mit der Hand in die Tasche, aber da war kein Geld, er suchte in der anderen Tasche, aber auch da fand sich nichts, er kehrte den Rock um, aber es fiel kein roter Heller heraus, und jetzt erst gedachte er seines eigenen ersten Wunsches, immer soviel Geld zu haben als der dicke Ezechiel. Wie Rauch war alles verschwunden.

Der Wirt und Ezechiel sahen ihn staunend an, als er immer suchte und sein Geld nicht finden konnte, sie wollten ihm nicht glauben, daß er keines mehr habe, aber als sie endlich selbst in seinen Taschen suchten, wurden sie zornig und schwuren, der Spielpeter sei ein böser Zauberer und habe all das gewonnene Geld und sein eigenes nach Hause gewünscht. Peter verteidigte sich standhaft; aber der Schein war gegen ihn. Ezechiel sagte, er wolle die schreckliche Geschichte allen Leuten im Schwarzwald erzählen, und der Wirt versprach ihm, morgen mit dem frühesten in die Stadt zu gehen und Peter Munk als Zauberer anzuklagen, und er wolle es erleben, setzte er hinzu, daß man ihn verbrenne. Dann fielen sie wütend über ihn her, rissen ihm das Wams vom Leib und warfen ihn zur Tür hinaus.

Kein Stern schien am Himmel, als Peter trübselig seiner Wohnung zuschlich; aber dennoch konnte er eine dunkle Gestalt erkennen, die neben ihm herschritt und endlich sprach: „Mit dir ist's aus, Peter Munk, all deine Herrlichkeit ist zu Ende, und das hätt' ich dir schon damals sagen können, als du nichts von mir hören wolltest und zu dem dummen Glaszwerg liefst. Da siehst du jetzt, was man davon hat, wenn man meinen Rat verachtet. Aber versuch es einmal mit mir, ich habe Mitleiden mit deinem Schicksal. Noch keinen hat es gereut, der sich an mich wandte, und wenn du den Weg nicht scheust, morgen den ganzen Tag bin ich am Tannenbühl zu sprechen, wenn du mich rufst." Peter merkte wohl, wer so zu ihm spreche; aber es kam ihn ein Grauen an. Er antwortete nichts, sondern lief seinem Haus zu.

*

Bei diesen Worten wurde der Erzähler durch ein Geräusch vor der Schenke unterbrochen. Man hörte einen Wagen anfahren, mehrere Stimmen riefen nach Licht, es wurde heftig an das Hoftor gepocht, und dazwischen heulten mehrere Hunde. Die Kammer, die man dem Fuhrmann und den Handwerksburschen angewiesen hatte, ging nach der Straße hinaus; die vier Gäste sprangen auf und liefen dorthin, um zu sehen, was vorgefallen sei. Soviel sie bei dem Schein einer Laterne sehen konnten, stand ein großer Reisewagen vor der Schenke; soeben war ein großer Mann beschäftigt, zwei verschleierte Frauen aus dem Wagen zu heben, und einen Kutscher in Livree sah man die Pferde abspannen, ein Bediensteter aber schnallte den Koffer los. „Diesen sei Gott gnädig", seufzte der Fuhrmann. „Wenn diese mit heiler Haut aus der Schenke kommen, so ist mir für meinen Karren auch nicht mehr bange."

„Stille!" flüsterte der Student. „Mir ahnet, daß man eigentlich nicht uns, sondern dieser Dame auflauert; wahrscheinlich waren sie unten schon von ihrer Reise unterrichtet. Wenn man sie nur warnen könnte! Doch halt! Es ist im ganzen Wirtshaus kein anständiges Zimmer für die Damen als das neben dem meinigen. Dorthin wird man sie führen. Bleibet ihr ruhig in dieser Kammer; ich will die Bediensteten zu unterrichten suchen."

Der junge Mann schlich sich auf sein Zimmer, löschte die Kerzen aus und ließ nur das Licht brennen, das ihm die Wirtin gegeben. Dann lauschte er an der Türe.

Bald kam die Wirtin mit den Damen die Treppe herauf und führte sie mit freundlichen, sanften Worten in das Zimmer nebenan. Sie redete ihren Gästen zu, sich bald niederzulegen, weil sie von der Reise erschöpft sein würden; dann ging sie wieder hinab. Bald darauf hörte der Student schwere männliche Tritte die Treppe heraufkommen. Er öffnete behutsam die Türe und erblickte durch eine kleine Spalte den großen Mann, welcher die Damen aus dem Wagen gehoben. Er trug ein Jagdkleid und hatte einen Hirschfänger an der Seite und war wohl der

Reisestallmeister oder Begleiter der fremden Damen. Als der Student merkte, daß dieser allein heraufgekommen war, öffnete er schnell die Tür und winkte dem Mann, zu ihm einzutreten. Verwundert trat dieser näher, und ehe er noch fragen konnte, was man von ihm wolle, flüsterte ihm jener zu: „Mein Herr! Sie sind heute nacht in eine Räuberschenke geraten."

Der Mann erschrak; der Student zog ihn aber vollends in seine Türe und erzählte ihm, wie verdächtig es in diesem Hause aussehe.

Der Jäger wurde sehr besorgt, als er dies hörte; er belehrte den jungen Mann, daß die Damen, eine Gräfin und ihre Kammerfrau, anfänglich die ganze Nacht durch haben fahren wollen; aber etwa eine halbe Stunde von dieser Schenke sei ihnen ein Reiter begegnet, der sie angerufen und gefragt habe, wohin sie reisen wollten. Als er vernommen, daß sie gesonnen seien, die ganze Nacht durch den Spessart zu reisen, habe er ihnen abgeraten, indem es gegenwärtig sehr unsicher sei. „Wenn Ihnen am Rat eines redlichen Mannes etwas liegt", habe er hinzugesetzt, „so stehen Sie ab von diesem Gedanken; es liegt nicht weit von hier eine Schenke; so schlecht und unbequem sie sein mag, so übernachten Sie lieber daselbst, als daß Sie sich in dieser dunklen Nacht unnötig der Gefahr preisgeben." Der Mann, der ihnen dies geraten, habe sehr ehrlich und rechtlich ausgesehen, und die Gräfin habe in der Angst vor einem Räuberanfall befohlen, an dieser Schenke stille zu halten.

Der Jäger hielt es für seine Pflicht, die Damen von der Gefahr, worin sie schwebten, zu unterrichten. Er ging in das andere Zimmer, und bald darauf öffnete er die Türe, welche von dem Zimmer der Gräfin in das des Studenten führte. Die Gräfin, eine Dame von etwa vierzig Jahren, trat, vor Schrecken bleich, zu dem Studenten heraus und ließ sich alles noch einmal von ihm wiederholen. Dann beriet man sich, was in dieser mißlichen Lage zu tun sei, und beschloß, so behutsam als möglich die zwei Bediensteten, den Fuhrmann und die Handwerksburschen herbeizuholen, um im Fall eines Angriffs wenigstens gemeinsame Sache machen zu können.

Als dieses bald darauf geschehen war, wurde das Zimmer der Gräfin gegen den Hausflur hin verschlossen und mit Kommoden und Stühlen verrammelt. Sie setzte sich mit ihrer Kammerfrau aufs Bette, und die zwei Bediensteten hielten bei ihr Wache. Die früheren Gäste aber und der Jäger setzten sich im Zimmer des Studenten um den Tisch und beschlossen, die Gefahr zu erwarten. Es mochte jetzt etwa zehn Uhr sein, im Hause war alles ruhig und still, und noch machte man keine Miene, die Gäste zu stören. Da sprach der Zirkelschmied: „Um wach zu bleiben, wäre es wohl das beste, wir machten es wieder wie zuvor; wir erzählten nämlich, was wir von allerlei Geschichten wissen, und wenn der Herr Jäger nichts dagegen hat, so könnten wir weiter fortfahren." Der Jäger aber hatte nicht nur nichts dagegen einzuwenden, sondern um seine Bereitwilligkeit zu zeigen, versprach er, selbst etwas zu erzählen. Er hub an: Saids Schicksale

*

Saids Schicksale

Zur Zeit Harun Al-Raschids, des Beherrschers von Bagdad, lebte ein Mann in Balsora, mit Namen Benazar. Er hatte gerade so viel Vermögen, um für sich bequem und ruhig leben zu können, ohne ein Geschäft oder einen Handel zu treiben. Auch als ihm ein Sohn geboren wurde, ging er von dieser Weise nicht ab; „warum soll ich in meinem Alter noch schachern und handeln", sprach er zu seinen Nachbarn, „um vielleicht Said, meinem Sohn, tausend Goldstücke mehr hinterlassen zu können, wenn es gut geht, und geht es schlecht, tausend weniger? Wo zwei speisen, wird auch ein dritter satt, sagt das Sprichwort, und wenn er nur sonst ein guter Junge wird, soll es ihm an nichts fehlen." So sprach Benazar und hielt Wort; denn er ließ auch seinen Sohn nicht zum Handel oder einem Gewerbe erziehen, doch unterließ er nicht, die Bücher der Weisheit mit ihm zu lesen, und da nach seiner Ansicht einen jungen Mann außer Gelehrsamkeit und Ehrfurcht vor dem Alter nichts mehr zierte als ein gewandter Arm und Mut, so ließ er ihn frühe in den Waffen unterweisen, und Said galt bald unter seinen Altersgenossen, ja selbst unter älteren

Jünglingen, für einen gewaltigen Kämpfer, und im Reiten und Schwimmen tat es ihm keiner zuvor.

Als er achtzehn Jahre alt war, schickte ihn sein Vater nach Mekka zum Grab des Propheten, um an Ort und Stelle sein Gebet und seine religiösen Übungen zu verrichten, wie es Sitte und Gebot erfordern. Ehe er abreiste, ließ ihn sein Vater noch einmal vor sich kommen, lobte seine Aufführung, gab ihm gute Lehren, versah ihn mit Geld und sprach dann: „Noch etwas, mein Sohn Said! Ich bin ein Mann, der über die Vorurteile des Pöbels erhaben ist. Ich höre zwar gerne Geschichten von Feen und Zauberern erzählen, weil mir die Zeit dabei angenehm vergeht, doch bin ich weit entfernt, daran zu glauben, wie so viele unwissende Menschen tun, daß diese Genien, oder wer sie sonst sein mögen, Einfluß auf das Leben und Treiben der Menschen haben. Deine Mutter aber, sie ist jetzt zwölf Jahre tot, deine Mutter glaubte so fest daran als an den Koran; ja, sie hat mir in einer einsamen Stunde, nachdem ich ihr geschworen, es niemand als ihrem Kinde zu entdecken, vertraut, daß sie selbst von ihrer Geburt an mit einer Fee in Berührung gestanden habe. Ich habe sie deswegen ausgelacht, und doch muß ich gestehen, Said, daß bei deiner Geburt einige Dinge vorfielen, die mich selbst in Erstaunen setzten. Es hatte den ganzen Tag geregnet und gedonnert, und der Himmel war so schwarz, daß man nichts lesen konnte ohne Licht. Aber um vier Uhr nachmittags sagte man mir an, es sei mir ein Knäblein geboren. Ich eilte nach den Gemächern deiner Mutter, um meinen Erstgeborenen zu sehen und zu segnen; aber alle ihre Zofen standen vor der Türe, und auf meine Fragen antworteten sie, daß jetzt niemand in das Zimmer treten dürfe; Zemira, deine Mutter, habe alle hinausgehen heißen, weil sie allein sein wolle. Ich pochte an die Türe, aber umsonst; sie blieb verschlossen.

Während ich so halb unwillig unter den Zofen vor der Türe stand, klärte sich der Himmel so plötzlich auf, wie ich es nie gesehen hatte, und das Wunderbarste war, daß nur über unserer lieben Stadt Balsora eine reine blaue Himmelswölbung erschien; ringsum aber lagen die Wolken schwarz aufgerollt, und Blitze zuckten und schlängelten sich in diesem Umkreis. Während ich noch dieses Schauspiel neugierig betrachtete, flog die Türe meiner Gattin auf; ich aber ließ die Mägde noch außen harren und trat allein in das Gemach, deine Mutter zu fragen, warum sie sich eingeschlossen habe. Als ' ich eintrat, quoll mir ein so betäubender Geruch von Rosen, Nelken und Hyazinthen entgegen, daß ich beinahe verwirrt wurde. Deine Mutter brachte mir dich dar und deutete zugleich auf ein silbernes Pfeifchen, das du um den Hals an einer goldenen Kette, so fein wie Seide, trugst: "Die gütige Frau, von welcher ich dir einst erzählte, ist dagewesen", sprach deine Mutter, "sie hat deinem Knaben dieses Angebinde gegeben." "Das war also die Hexe, die das Wetter schön machte und diesen Rosen- und Nelkenduft hinterließ?" sprach ich lachend und ungläubig. "Aber sie hätte etwas Besseres bescheren können als dieses Pfeifchen, etwa einen Beutel voll Gold, ein Pferd oder dergleichen!" Deine Mutter beschwor mich, nicht zu spotten, weil die Feen, leicht erzürnt, ihren Segen in Unsegen verwandeln.

Ich tat es ihr zu Gefallen und schwieg, weil sie krank war, wir sprachen auch nicht mehr von dem sonderbaren Vorfall bis sechs Jahre nachher, als sie fühlte, daß sie, so jung sie noch war, sterben müsse. Da gab sie mir das Pfeifchen, trug mir auf, es einst, wenn du zwanzig Jahre alt seiest, dir zu geben; denn keine Stunde zuvor dürfte ich dich von mir lassen. Sie starb. Eher ist nun das Geschenk", fuhr Benazar fort, indem er ein silbernes Pfeifchen an einer langen goldenen Kette aus einem Kästchen hervorsuchte, „und ich gebe es dir in deinem achtzehnten statt in deinem zwanzigsten Jahre, weil du abreisest und ich vielleicht, ehe du heimkehrst, zu meinen Vätern versammelt werde. Ich sehe keinen vernünftigen Grund ein, warum du noch zwei Jahre hier bleiben sollst, wie es deine besorgte Mutter wünschte. Du bist ein guter und gescheiter Junge; führst die Waffen so gut als einer von vierundzwanzig Jahren, daher kann ich dich heute ebensogut für mündig erklären, als wärest du schon zwanzig. Und nun ziehe in Frieden und denke im Glück und Unglück, vor welchem der Himmel dich bewahren wolle, an deinen Vater!"

So sprach Benazar von Balsora, als er seinen Sohn entließ. Said nahm bewegt von ihm Abschied, hing die Kette um den Hals, steckte das Pfeifchen in den Gürtel, schwang sich aufs Pferd und ritt nach dem Ort, wo sich die Karawane nach Mekka versammelte. In kurzer Zeit waren an achtzig Kamele und viele hundert Reiter beisammen; die Karawane setzte sich in Marsch, und Said ritt aus dem Tor von Balsora, seiner Vaterstadt, die er in langer Zeit nicht mehr sehen sollte.

Das Neue einer solchen Reise und die mancherlei niegesehenen Gegenstände, die sich ihm aufdrängten, zerstreuten ihn anfangs; als man sich aber der Wüste näherte und die Gegend immer öder und einsamer wurde, da fing er an, über manches nachzudenken und unter anderem auch über die Worte, womit ihn Benazar, sein Vater, entlassen hatte.

Er zog das Pfeifchen hervor, beschaute es hin und her und setzte es endlich an den Mund, um einen Versuch zu machen, ob es vielleicht einen recht hellen und schönen Ton von sich gebe; aber siehe, es tönte nicht, er blähte die Backen auf und blies aus Leibeskräften, aber er konnte keinen Ton hervorbringen, und, unwillig über das nutzlose Geschenk, steckte er das Pfeifchen wieder in den Gürtel. Aber bald richteten sich alle seine Gedanken wieder auf die geheimnisvollen Worte seiner Mutter; er hatte von Feen manches gehört; aber nie hatte er erfahren, daß dieser oder jener Nachbar in Balsora mit einem übernatürlichen Genius in Verbindung gestanden sei, sondern man hatte die Sagen von diesen Geistern immer in weit entfernte Länder und alte Zeiten versetzt, und so glaubte er, es gebe heutzutage keine solchen Erscheinungen mehr, oder die Feen haben aufgehört, die Menschen zu besuchen und an ihren Schicksalen teilzunehmen. Obgleich er aber also dachte, so war er doch immer wieder von neuem versucht, an irgend etwas Geheimnisvolles und Übernatürliches zu glauben, was mit seiner Mutter vorgegangen sein könnte, und so kam es, daß er beinahe einen ganzen Tag wie ein Träumender zu Pferde saß und weder an den Gesprächen der Reisenden teilnahm, noch auf ihren Gesang oder ihr Gelächter achtete.

Said war ein sehr schöner Jüngling; sein Auge war mutig und kühn, sein Mund voll Anmut, und so jung er war, so hatte er doch in seinem ganzen Wesen schon eine gewisse Würde, die man in diesem Alter nicht so oft trifft, und der Anstand, womit er leicht, aber sicher und in vollem kriegerischem Schmuck zu Pferde saß, zog die Blicke manches der

Reisenden auf sich. Ein alter Mann, der an seiner Seite ritt, fand Wohlgefallen an ihm und versuchte, durch manche Fragen auch seinen Geist zu prüfen. Said, welchem Ehrfurcht gegen das Alter eingeprägt worden war, antwortete bescheiden, aber klug und umsichtig, so daß der Alte eine große Freude an ihm hatte. Da aber der Geist des jungen Mannes schon den ganzen Tag nur mit einem Gegenstand beschäftigt war, so geschah es, daß man bald auf das geheimnisvolle Reich der Feen zu sprechen kam, und endlich fragte Said den Alten geradezu, ob er glaube, daß es Feen, gute oder böse Geister geben könne, welche den Menschen beschützen oder verfolgen.

Der alte Mann strich sich den Bart, neigte seinen Kopf hin und her und sprach dann: „Leugnen läßt es sich nicht, daß es solche Geschichten gegeben hat, obgleich ich bis heute weder einen Geisterzwerg, noch einen Genius als Riesen, weder einen Zauberer, noch eine Fee gesehen habe." Der Alte hub dann an und erzählte dem jungen Mann so viele und wunderbare Geschichten, daß ihm der Kopf schwindelte und er nicht anders dachte, als alles, was bei seiner Geburt vorgegangen, die Änderung des Wetters, der süße Rosen- und Hyazinthenduft, sei von großer und glücklicher Vorbedeutung, er selbst stehe unter dem besonderen Schutz einer mächtigen, gütigen Fee, und das Pfeifchen sei zu nichts Geringerem ihm geschenkt worden, als der Fee im Fall der Not zu pfeifen. Er träumte die ganze Nacht von Schlössern, Zauberpferden, Genien und dergleichen und lebte in einem wahren Feenreich.

Doch leider mußte er schon am folgenden Tag die Erfahrung machen, wie nichtig all seine Träume im Schlafen oder Wachen seien. Die Karawane war schon den größten Teil des Tages im gemächlichen Schritt fortgezogen, Said immer an der Seite seines alten Gefährten, als man dunkle Schatten am fernsten Ende der Wüste bemerkte; die einen hielten sie für Sandhügel, die anderen für Wolken, wieder andere für eine neue Karawane; aber der Alte, der schon mehrere Reisen gemacht hatte, rief mit lauter Stimme, sich vorzusehen; denn es sei eine Horde räuberischer Araber im Anzug. Die Männer griffen zu den Waffen, die Weiber und die Waren wurden in die Mitte genommen, und alles war auf einen Angriff gefaßt. Die dunkle Masse bewegte sich langsam über die Ebene her und war anzusehen wie eine große Schar Störche, wenn sie in ferne Länder ausziehen. Nach und nach kamen sie schneller heran, und kaum hatte man Männer und Lanzen unterschieden, als sie auch schon mit Windeseile herangekommen waren und auf die Karawane einstürmten.

Die Männer wehrten sich tapfer; aber die Räuber waren über vierhundert Mann stark, umschwärmten sie von allen Seiten, töteten viele aus der Ferne her und machten dann einen Angriff mit der Lanze. In diesem furchtbaren Augenblick fiel Said, der immer unter den Vordersten wacker gestritten hatte, sein Pfeifchen ein, er zog es schnell hervor, setzte es an den Mund, blies und ließ es schmerzlich wieder sinken; denn es gab auch nicht den leisesten Ton von sich. Wütend über diese grausame Enttäuschung, zielte er und schoß einen Araber, der sich durch seine prachtvolle Kleidung auszeichnete, durch die Brust; jener wankte und fiel vom Pferd.

„Allah! Was habt Ihr gemacht, junger Mensch!“ rief der Alte an seiner Seite. „Jetzt sind wir alle verloren.“ Und so schien es auch; denn kaum sahen die Räuber diesen Mann fallen, als sie ein schreckliches Geschrei erhoben und mit solcher Wut eindrangen, daß die wenigen noch unverwundeten Männer bald zersprengt wurden. Said sah sich in einem Augenblick von fünf oder sechs umschwärmt. Er führte seine Lanze so gewandt, daß keiner sich heranzunahen wagte; endlich hielt einer an, legte einen Pfeil auf, zielte und wollte eben die Sehne schnellen lassen, als ihm ein anderer winkte. Der junge Mann machte sich auf einen neuen Angriff gefaßt; aber ehe er sich dessen versah, hatte ihm einer der Araber eine Schlinge über den Kopf geworfen, und so sehr er sich bemühte, das Seil zu zerreißen, so war doch alles umsonst; die Schlinge wurde fester und immer fester angezogen, und Said war gefangen.

Die Karawane war endlich entweder ganz aufgerieben oder gefangen worden, und die Araber, welche nicht zu einem Stamm gehörten, teilten jetzt die Gefangenen und die übrige Beute und zogen dann, der eine Teil nach Süden, der andere nach Osten. Neben Said ritten vier Bewaffnete, welche ihn oft mit bitterem Grimm anschauten und Verwünschungen über ihn ausstießen; er merkte, daß es ein vornehmer Mann, vielleicht sogar ein Prinz gewesen sei, welchen er getötet hatte. Die Sklaverei, welcher er entgegensah, war noch härter als der Tod; darum wünschte er sich im stillen Glück, den Grimm der ganzen Horde auf sich gezogen zu haben; denn er glaubte nicht anders, als in ihrem Lager getötet zu werden. Die Bewaffneten bewachten alle seine Bewegungen, und so oft er sich umschaute, drohten sie ihm mit ihren Spießen; einmal aber, als das Pferd des einen strauchelte, wandte er den Kopf schnell um und erblickte zu seiner Freude den Alten, seinen Reisegefährten, welchen er unter den Toten geglaubt hatte.

Endlich sah man in der Ferne Bäume und Zelte; als sie näher kamen, strömte ein ganzer Schwall von Kindern und Weibern entgegen; aber kaum hatten diese einige Worte mit den Räubern gewechselt, als sie in ein schreckliches Geheul ausbrachen und alle nach Said hinblickten, die Arme gegen ihn aufhoben und Verwünschungen ausstießen. „Jener ist es“, schrien sie, „der den großen Almansor erschlagen hat, den tapfersten aller Männer; er muß sterben, wir wollen sein Fleisch dem Schakal der Wüste zur Beute geben.“ Dann drangen sie mit Holzstücken, Erdschollen und was sie zur Hand hatten so furchtbar auf Said ein, daß sich die Räuber selbst ins Mittel legen mußten.

„Hinweg, ihr Unmündigen, fort, ihr Weiber!“ riefen sie und trieben die Menge mit den Lanzen auseinander, „er hat den großen Almansor erschlagen im Gefecht, und er muß sterben, aber nicht von der Hand eines Weibes, sondern vom Schwert der Tapferen.“

Als sie unter den Zelten auf einem freien Platz angelangt waren, machten sie halt; die Gefangenen wurden je zwei und zwei zusammengebunden, die Beute in die Zelte gebracht, Said aber wurde einzeln gefesselt und in ein großes Zelt geführt. Dort saß ein alter, prachtvoll gekleideter Mann, dessen ernste, stolze Miene verkündete, daß er das Oberhaupt dieser Horde sei. Die Männer, welche Said führten, traten traurig und mit gesenktem Haupt vor ihn hin. „Das Geheul der Weiber sagt mir, was geschehen ist“, sprach der majestätische Mann, indem er die Räuber der Reihe nach anblickte, „eure Mienen bestätigen es Almansor ist gefallen.“

„Almansor ist gefallen“, antworteten die Männer, „aber hier, Selim, Beherrscher der Wüste, ist sein Mörder, und wir bringen ihn, damit du ihn richtest; welche Todesart soll er sterben? Sollen wir ihn aus der Ferne mit Pfeilen erschießen, sollen wir ihn durch eine Gasse von Lanzen jagen, oder willst du, daß er an einem Strick aufgehängt oder von Pferden zerrissen werde?“

„Wer bist du?“ fragte Selim, düster auf den Gefangenen blickend, der zum Tod bereit, aber mutig vor ihm stand.

Said beantwortete seine Frage kurz und offen.

„Hast du meinen Sohn meuchlings umgebracht? Hast du ihn von hinten mit einem Pfeil oder einer Lanze durchbohrt?“

„Nein, Herr!“ entgegnete Said. „Ich habe ihn in offenem Kampf beim Angriff auf unsere Reihen von vorne getötet, weil er schon acht meiner Genossen vor meinen Augen erschlagen hatte.“

„Ist es also, wie er sprach?“ fragte Selim die Männer, die ihn gefangen hatten.

„Ja, Herr, er hat Almansor im offenen Kampfe getötet“, sprach einer von den Gefragten.

„Dann hat er nicht mehr und nicht minder getan, als wir selbst getan haben würden“, versetzte Selim, „er hat seinen Feind, der ihm Freiheit und Leben rauben wollte, bekämpft und erschlagen; drum löset schnell seine Bande!“

Die Männer sahen ihn staunend an und gingen nur zaudernd und mit Widerwillen ans Werk. „So soll der Mörder deines Sohnes, des tapferen Almansor, nicht sterben?“ fragte einer, indem er wütende Blicke auf Said warf, „hätten wir ihn lieber gleich umgebracht!“

„Er soll nicht sterben!“ rief Selim, „und ich nehme ihn sogar in mein eigenes Zelt auf, ich nehme ihn als meinen gerechten Anteil an der Beute, er sei mein Diener!“

Said fand keine Worte, dem Alten zu danken, die Männer aber verließen murrend das Zelt, und als sie den Weibern und Kindern, die draußen versammelt waren und auf Saids Hinrichtung warteten, den Entschluß des alten Selim mitteilten, erhoben sie ein schreckliches Geheul und Geschrei und riefen, sie würden Almansors Tod an seinem Mörder rächen, weil sein eigener Vater die Blutrache nicht üben wolle.

Die übrigen Gefangenen wurden an die Horden verteilt; einige entließ man, um Lösegeld für die reicheren einzutreiben, andere wurden zu den Herden als Hirten geschickt, und manche, die vorher von zehn Sklaven sich bedienen ließen, mußten die niedrigsten Dienste in diesem Lager versehen. Nicht so Said. War es sein mutiges, heldenmäßiges Aussehen oder der geheimnisvolle Zauber einer gütigen Fee, was den alten Selim für den Jüngling einnahm? Man wußte es nicht zu sagen, aber Said lebte in seinem Zelt mehr als Sohn denn als Diener. Aber die unbegreifliche Zuneigung des alten Mannes zog ihm die Feindschaft der übrigen Diener zu; er begegnete überall nur feindlichen Blicken, und wenn er allein durchs Lager ging, so hörte er ringsumher Schimpfworte und Verwünschungen ausstoßen, ja, einigemal flogen Pfeile an seiner Brust vorüber, die offenbar ihm gegolten hatten, und daß sie ihn nicht trafen, schrieb er nur dem geheimnisvollen Pfeifchen zu, das er noch immer auf der Brust trug und welchem er diesen Schutz zuschrieb. Oft beklagte er sich bei Selim über diese Angriffe auf sein Leben, aber vergebens suchte dieser die Meuchelmörder ausfindig zu machen, denn die ganze Horde schien gegen den begünstigten Fremdling verbunden zu sein. Da sprach eines Tages Selim zu ihm: „Ich hatte gehofft, du werdest mir vielleicht den Sohn ersetzen, der durch deine Hand umgekommen ist; an dir und mir liegt nicht die Schuld, daß es nicht sein konnte; alle sind gegen dich erbittert, und ich selbst kann dich in Zukunft nicht mehr schützen; denn was hilft es dir oder mir, wenn sie dich heimlich getötet haben, den Schuldigen zur Strafe zu ziehen. Darum, wenn die Männer von ihrem

Streifzug heimkehren, werde ich sagen, dein Vater habe mir Lösegeld geschickt, und ich werde dich durch einige treue Männer durch die Wüste geleiten lassen.“

„Aber kann ich irgendeinem außer dir trauen?“ fragte Said bestürzt; „werden sie mich nicht unterwegs töten?“

„Davor schützt dich der Eid, den sie mir schwören müssen, und den noch keiner gebrochen hat“, erwiderte Selim mit großer Ruhe. Einige Tage nachher kehrten die Männer ins Lager zurück, und Selim hielt sein Versprechen. Er schenkte dem Jüngling Waffen, Kleider und ein Pferd, versammelte die streitbaren Männer, wählte fünf zur Begleitung Saids aus, ließ sie einen furchtbaren Eid ablegen, daß sie ihn nicht töten wollten, und entließ ihn dann mit Tränen.

Die fünf Männer ritten finster und schweigend mit Said durch die Wüste; der Jüngling sah, wie ungern sie den Auftrag erfüllten, und es machte ihm nicht wenig Besorgnis, daß zwei von ihnen bei jenem Kampf zugegen waren, wo er Almansor tötete. Als sie etwa acht Stunden zurückgelegt hatten, hörte Said, daß sie untereinander flüsterten, und bemerkte, daß ihre Mienen noch düsterer wurden als vorher. Er strengte sich an, aufzuhorchen, und vernahm, daß sie sich in einer Sprache unterhielten, die nur von dieser Horde und immer nur bei geheimnisvollen oder gefährlichen Unternehmungen gesprochen wurde; Selim, der den Plan gehabt hatte, den jungen Mann auf immer in seinem Zelte zu behalten, hatte sich manche Stunde damit abgegeben, ihn diese geheimnisvollen Worte zu lehren; aber es war nichts Erfreuliches, was er jetzt vernahm.

„Hier ist die Stelle“, sprach einer, „hier griffen wir die Karawane an, und hier fiel der tapferste Mann von der Hand eines Knaben.“

„Der Wind hat die Spuren seines Pferdes verweht“, fuhr ein anderer fort, „aber ich habe sie nicht vergessen.“

„Und zu unserer Schande soll der noch leben und frei sein, der Hand an ihn legte? Wann hat man je gehört, daß ein Vater den Tod seines einzigen Sohnes nicht rächte? Aber Selim wird alt und kindisch.“

„Und wenn es der Vater unterläßt“, sagte ein vierter, „so ist es Freundes Pflicht, den gefallenen Freund zu rächen. Hier an dieser Stelle sollten wir ihn niederhauen. So ist es Recht und Brauch seit den ältesten Zeiten.“

„Aber wir haben dem Alten geschworen“, rief ein fünfter, „wir dürfen ihn nicht töten, unser Eid darf nicht gebrochen werden.“

„Es ist wahr“, sprachen die anderen, „wir haben geschworen, und der Mörder darf frei ausgehen aus den Händen seiner Feinde.“

„Halt!“ rief einer, der finsterste unter allen. „Der alte Selim ist ein kluger Kopf, aber doch nicht so klug, als man glaubt; haben wir ihm geschworen, diesen Burschen da- oder dorthin zu bringen? Nein, er nahm uns den Schwur auf sein Leben ab, und dieses wollen wir ihm schenken. Aber die brennende Sonne und die scharfen Zähne des Schakals werden unsere Rache übernehmen. Hier an dieser Stelle wollen wir ihn gebunden liegen lassen.“ So sprach der Räuber; aber schon seit einigen Minuten hatte sich Said auf das Äußerste gefaßt gemacht, und indem jener noch die letzten Worte sprach, riß er sein Pferd auf die Seite, trieb es mit einem tüchtigen Hieb an und flog wie ein Vogel über die Ebene hin. Die fünf Männer staunten einen Augenblick, aber wohlbewandert in solchen Verfolgungen, teilten sie sich, jagten rechts und links nach, und weil sie die Art und Weise, wie man in der Wüste reiten muß, besser kannten, hatten zwei von ihnen den Flüchtling bald überholt, wandten sich gegen ihn um, und als er auf die Seite floh, fand er auch dort zwei Gegner und den fünften in seinem Rücken. Der Eid, ihn nicht zu töten, hielt sie ab, ihre Waffen zu gebrauchen; sie warfen ihm auch jetzt wieder von hinten eine Schlinge über den Kopf, zogen ihn vom Pferd, schlugen unbarmherzig auf ihn los, banden ihn dann an Händen und Füßen und legten ihn in den glühenden Sand der Wüste.

Said flehte sie um Barmherzigkeit an, er versprach ihnen schreiend ein großes Lösegeld; aber lachend schwangen sie sich auf und jagten davon. Noch einige Augenblicke lauschte er auf die leichten Tritte ihrer Rosse, dann aber gab er sich verloren. Er dachte an seinen Vater, an den Gram des alten Mannes, wenn sein Sohn nicht mehr heimkehre. Er dachte an sein eigenes Elend, daß er so frühe sterben müsse; denn nichts war ihm gewisser, als daß er in dem heißen Sand den martervollen Tod des Verschmachtens sterben müsse oder daß er von einem Schakal zerrissen werde. Die Sonne stieg immer höher und brannte glühend auf seiner Stirne. Mit unendlicher Mühe gelang es ihm endlich, sich aufzuwälzen; aber es gab ihm wenig Erleichterung. Das Pfeifchen an der Kette war durch diese Anstrengung aus seinem Kleid gefallen. Er mühte sich so lange, bis er es mit dem Mund fassen konnte; endlich berührten es seine Lippen, er versuchte zu blasen, aber auch in dieser schrecklichen Not versagte es den Dienst. Verzweiflungsvoll ließ er den Kopf zurücksinken, und endlich beraubte ihn die stechende Sonne der Sinne; er fiel in eine tiefe Betäubung.

Nach vielen Stunden erwachte Said von einem Geräusch in seiner Nähe; er fühlte zugleich, daß seine Schulter gepackt wurde, und er stieß einen Schrei des Entsetzens aus, denn er glaubte nichts anderes, als ein Schakal sei herangekommen, ihn zu zerreißen. Jetzt wurde er auch an den Beinen angefaßt, aber er fühlte, daß es nicht die Krallen eines Raubtieres seien, die ihn umfaßten, sondern die Hände eines Mannes, der sich sorgsam mit ihm beschäftigte und mit zwei oder drei anderen sprach. „Er lebt", flüsterten sie, „aber er hält uns für Feinde."

Endlich schlug Said die Augen auf und erblickte über sich das Gesicht eines kleinen, dicken Mannes mit kleinen Augen und langem Bart. Dieser sprach ihm freundlich zu, half ihm sich aufrichten, reichte ihm Speise und Trank und erzählte ihm, während er sich stärkte, er sei ein Kaufmann aus Bagdad, heiße Kalum-Beck und handle mit Schals und feinen Schleiern für die Frauen. Er habe eine Handelsreise gemacht, sei jetzt auf der Rückkehr nach Hause begriffen und habe ihn elend und halb im Sand liegen sehen. Sein prachtvoller Anzug und die blitzenden Steine seines Dolches hätten ihn aufmerksam gemacht; er habe alles angewandt, ihn zu beleben, und es sei ihm also gelungen. Der Jüngling dankte ihm für sein Leben, denn er sah wohl ein, daß er ohne die Dazwischenkunft dieses Mannes elend hätte sterben müssen; und da er weder Mittel hatte, sich selbst fortzuhelfen, noch willens war, zu Fuß und allein durch die Wüste zu wandern, so nahm er dankbar einen Sitz auf einem der schwer beladenen Kamele des Kaufmanns an und beschloß fürs erste, mit nach Bagdad zu ziehen, vielleicht könnte er dort sich an eine Gesellschaft, die nach Balsora reisete, anschließen.

Unterwegs erzählte der Kaufmann seinem Reisegefährten manches von dem trefflichen Beherrscher der Gläubigen, Harun Al-Raschid. Er erzählte ihm von seiner Gerechtigkeitsliebe und seinem Scharfsinn, wie er die wunderbarsten Prozesse auf einfache und bewundernswürdige Weise zu schlichten wisse; unter anderem führte er die Geschichte von dem Seiler, die Geschichte von dem Topf mit Oliven an, Geschichten, die jedes Kind weiß, die aber Said sehr bewunderte. „Unser Herr, der Beherrscher der Gläubigen“, fuhr der Kaufmann fort, „unser Herr ist ein wunderbarer Mann. Wenn Ihr meinet, er schlafe, wie andere gemeine Leute, so täuschet Ihr Euch sehr. Zwei, drei Stunden in der Morgendämmerung ist alles. Ich muß das wissen, denn Messour, sein erster Kämmerer, ist mein Vetter, und obgleich er so verschwiegen ist wie das Grab, was die Geheimnisse seines Herrn anbelangt, so läßt er doch, der guten Verwandtschaft zulieb, hin und wieder einen Wink fallen, wenn er sieht, daß einer aus Neugierde beinahe vom Verstand kommen könnte. Statt nun wie andere Menschen zu schlafen, schleicht der Kalif nachts durch die Straßen von Bagdad, und selten verstreicht eine Woche, worin er nicht ein Abenteuer aufstößt; denn Ihr müßt wissen, wie ja auch aus der Geschichte mit dem Oliventopf erhellt, die so wahr ist als das Wort des Propheten, daß er nicht mit der Wache und zu Pferd, in vollem Putz und mit hundert Fackelträgern seine Runde macht, wie er wohl tun könnte, wenn er wollte, sondern angezogen bald als Kaufmann, bald als Schiffer, bald als Soldat, bald als Mufti geht er umher und schaut, ob alles recht und in Ordnung sei.

Daher kommt es aber auch, daß man in keiner Stadt nachts so höflich gegen jeden Narren ist, auf den man stößt, wie in Bagdad; denn es könnte ebensogut der Kalif wie ein schmutziger Araber aus der Wüste sein, und es wächst Holz genug, um allen Menschen in und um Bagdad die Bastonade zu geben.“

So sprach der Kaufmann, und Said, so sehr ihn hin und wieder die Sehnsucht nach seinem Vater quälte, freute sich doch, Bagdad und den berühmten Harun Al-Raschid zu sehen.

Nach zehn Tagen kamen sie in Bagdad an, und Said staunte und bewunderte die Herrlichkeit dieser Stadt, die damals gerade in ihrem höchsten Glanz war. Der Kaufmann lud ihn ein, mit in sein Haus zu kommen, und Said nahm es gerne an; denn jetzt erst unter dem Gewühl der Menschen fiel es ihm ein, daß hier wahrscheinlich außer der Luft und dem Wasser des Tigris und einem Nachtlager auf den Stufen einer Moschee nichts umsonst zu haben sein werde.

Den Tag nach seiner Ankunft, als er sich eben angekleidet hatte und sich gestand, daß er in diesem prachtvollen kriegerischen Aufzug sich in Bagdad wohl sehen lassen könne und vielleicht manchen Blick auf sich ziehe, trat der Kaufmann in sein Zimmer. Er betrachtete den schönen Jüngling mit schelmischem Lächeln, strich sich den Bart und sprach dann: „Das ist alles recht schön, junger Herr! Aber was soll denn nun aus Euch werden? Ihr seid, kommt es mir vor, ein großer Träumer und denket nicht an den folgenden Tag; oder habt Ihr so viel Geld bei Euch, um dem Kleid gemäß zu leben, das Ihr traget?"

„Lieber Herr Kalum-Beck", sprach der Jüngling verlegen und errötend, „Geld habe ich freilich nicht, aber vielleicht strecket Ihr mir etwas vor, womit ich heimreisen kann; mein Vater wird es gewiß richtig erstatten."

„Dein Vater, Bursche?" rief der Kaufmann laut lachend. „Ich glaube, die Sonne hat dir das Hirn verbrannt. Meinst du, ich glaube dir so aufs Wort das ganze Märchen, das du mir in der Wüste erzähltest, daß dein Vater ein reicher Mann in Balsora sei, du sein einziger Sohn, und den Anfall der Araber und dein Leben in ihrer Horde und dies und jenes. Schon damals ärgerte ich mich über deine frechen Lügen und deine Unverschämtheit. Ich weiß, daß in Balsora alle reichen Leute Kaufleute sind, habe schon mit allen gehandelt und müßte von einem Benazar gehört haben, und wenn er nur sechstausend Tomans im Vermögen hätte. Es ist also entweder erlogen, daß du aus Balsora bist, oder dein Vater ist ein armer Schlucker, dessen hergelaufenem Jungen ich keine Kupfermünze leihen mag. Sodann der Überfall in der Wüste! Wann hat man gehört, seit der weise Kalif Harun die Handelswege durch die Wüste gesichert hat, daß es Räuber gewagt haben, eine Karawane zu plündern und sogar Menschen hinwegzuführen? Auch müßte es bekannt geworden sein, aber auf meinem ganzen Weg, und auch hier in Bagdad, wo Menschen aus allen Gegenden der Welt zusammenkommen, hat man nichts davon gesprochen. Das ist die zweite Lüge, junger, unverschämter Mensch!"

Bleich vor Zorn und Unmut wollte Said dem kleinen bösen Mann in die Rede fallen, jener aber schrie stärker als er und focht dazu mit den Armen. „Und die dritte Lüge, du frecher Lügner, ist die Geschichte im Lager Selims. Selims Name ist wohlbekannt unter allen, die jemals einen Araber gesehen haben, aber Selim ist bekannt als der schrecklichste und grausamste Räuber, und du wagst zu erzählen, du habest seinen Sohn getötet und seiest nicht sogleich in Stücke gehauen worden; ja, du treibest die Frechheit so weit, daß du das Unglaubliche sagst, Selim habe dich gegen seine Horde beschützt, in sein eigenes Zelt aufgenommen und ohne Lösegeld entlassen, statt daß er dich aufgehängt hätte an den nächsten besten Baum, er, der oft Reisende gehängt hat, nur um zu sehen, welche Gesichter sie machen, wenn sie aufgehängt sind. Oh, du abscheulicher Lügner!"

„Und ich kann nichts weiter sagen", rief der Jüngling, „als daß alles wahr ist bei meiner Seele und beim Bart des Propheten!"

„Was, bei deiner Seele willst du schwören?" schrie der Kaufmann, „bei deiner schwarzen, lügenhaften Seele? Wer soll da glauben? Und beim Bart des Propheten, du, der du selbst keinen Bart hast? Wer soll da trauen?"

„Ich habe freilich keinen Zeugen", fuhr Said fort, „aber habt Ihr mich nicht gefesselt und elend gefunden?"

„Das beweist mir gar nichts", sprach jener, „du bist gekleidet wie ein stattlicher Räuber, und leicht hast du einen angefallen, der stärker war als du, dich überwand und band."

„Den einzelnen oder sogar zwei möchte ich sehen“, entgegnete Said, „die mich niederstrecken und binden, wenn sie mir nicht von hinten eine Schlinge über den Kopf werfen. Ihr mögt in Eurem Basar freilich nicht wissen, was ein einzelner vermag, wenn er in den Waffen geübt ist. Aber Ihr habt mir das Leben gerettet, und ich danke Euch. Was wollt Ihr denn aber jetzt mit mir beginnen? Wenn Ihr mich nicht unterstützet, so muß ich betteln, und ich mag keinen meinesgleichen um eine Gnade anflehen; an den Kalifen will ich mich wenden.“

„So?“ sprach der Kaufmann, höhnisch lächelnd. „An niemand anders wollt Ihr Euch wenden als an unseren allergnädigsten Herrn? Das heiße ich vornehm betteln! Ei, ei! Bedenket aber, junger vornehmer Herr, daß der Weg zum Kalifen an meinem Vetter Messour vorbeigeht, und daß es mich ein Wort kostet, den Oberkämmerer darauf aufmerksam zu machen, wie trefflich Ihr lügen könnet. Aber mich dauert deine Jugend, Said. Du kannst dich bessern, es kann noch etwas aus dir werden. Ich will dich in mein Gewölbe im Basar nehmen, dort sollst du mir ein Jahr lang dienen, und ist dies vorbei und willst du nicht bei mir bleiben, so zahle ich dir deinen Lohn aus und lasse dich gehen, wohin du willst, nach Aleppo oder Medina, nach Stambul oder nach Balsora, meinetwegen zu den Ungläubigen. Bis Mittag gebe ich dir Bedenkzeit; willst du, so ist es gut, willst du nicht, so berechne ich dir nach billigem Anschlag die Reisekosten, die du mir machtest, und den Platz auf dem Kamel, mache mich mit deinen Kleidern und allem, was du hast, bezahlt und werfe dich auf die Straße; dann kannst du beim Kalifen oder beim Mufti, an der Moschee oder im Basar betteln. „

Mit diesen Worten verließ der böse Mann den unglücklichen Jüngling. Said blickte ihm voll Verachtung nach. Er war so empört über die Schlechtigkeit dieses Menschen, der ihn absichtlich mitgenommen und in sein Haus gelockt hatte, damit er ihn in seine Gewalt bekäme. Er versuchte, ob er nicht entfliehen könnte, aber sein Zimmer war vergittert und die Türe verschlossen. Endlich, nachdem sein Sinn sich lange dagegen gesträubt hatte, beschloß er, fürs erste den Vorschlag des Kaufmanns anzunehmen und ihm in seinem Gewölbe zu dienen. Er sah ein, daß ihm nichts Besseres zu tun übrigbleibe; denn wenn er auch entfloh, so konnte er ohne Geld doch nicht bis Balsora kommen. Aber er nahm sich vor, sobald als möglich den Kalifen selbst um Schutz anzuflehen.

Den folgenden Tag führte Kalum-Beck seinen neuen Diener in sein Gewölbe im Basar. Er zeigte Said alle Schals und Schleier und andere Waren, womit er handelte, und wies ihm seinen besonderen Dienst an. Dieser bestand darin, daß Said, angekleidet wie ein Kaufmannsdiener und nicht mehr im kriegerischen Schmuck, in der einen Hand einen Schal, in der anderen einen prachtvollen Schleier, unter der Türe des Gewölbes stand, die vorübergehenden Männer oder Frauen anrief, seine Ware vorzeigte, ihren Preis nannte und die Leute zum Kaufen einlud; und jetzt konnte sich Said auch erklären, warum ihn Kalum-Beck zu diesem Geschäft bestimmt habe. Er war ein kleiner, häßlicher Alter, und wenn er selbst unter dem Laden stund und anrief, so sagte mancher Nachbar oder auch einer der Vorübergehenden ein witziges Wort über ihn, oder die Knaben spotteten seiner, und die Frauen nannten ihn eine Vogelscheuche; aber jedermann sah gerne den jungen schlanken Said, der mit Anstand die Kunden anrief und Schal und Schleier geschickt und zierlich zu halten wußte.

Als Kalum-Beck sah, daß sein Laden im Basar an Kunden zunahm, seitdem Said unter der Türe stand, wurde er freundlicher gegen den jungen Mann, speiste ihn besser als zuvor und war darauf bedacht, ihn in seiner Kleidung immer schön und stattlich zu halten. Aber Said wurde durch solche Beweise der milderen Gesinnungen seines Herrn wenig gerührt und sann den ganzen Tag und selbst in seinen Träumen auf gute Art und Weise, um in seine Vaterstadt zurückzukehren.

Eines Tages war im Gewölbe vieles gekauft worden, und alle Packknechte, welche die Waren nach Hause trugen, waren schon versandt, als eine Frau eintrat und noch einiges kaufte. Sie hatte bald gewählt und verlangte dann jemand, der ihr gegen ein Trinkgeld die Waren nach Hause trage. „In einer halben Stunde kann ich Euch alles schicken“, antwortete Kalum-Beck, „nur so lange müßt Ihr Euch gedulden oder irgendeinen anderen Packer nehmen.“

„Seid Ihr ein Kaufmann und wollet Euren Kunden fremde Packer mitgeben?“ rief die Frau. „Kann nicht ein solcher Bursche im Gedräng mit meinem Pack davonlaufen? Und an wen soll ich mich dann wenden? Nein, Eure Pflicht ist es nach Marktrecht, mir meinen Pack nach Hause tragen zu lassen, und an Euch kann und will ich mich halten.“

„Aber nur eine halbe Stunde wartet, werte Frau!“ sprach der Kaufmann, sich immer ängstlicher drehend. „Alle meine Packknechte sind verschickt“

„Das ist ein schlechtes Gewölbe, das nicht immer einige Knechte übrig hat“, entgegnete das böse Weib. „Aber dort steht ja noch solch ein junger Müßiggänger, komm, junger Bursche, nimm meinen Pack und trag ihn mir nach!“

„Halt, halt!“ schrie Kalum-Beck. „Das ist mein Aushängeschild, mein Ausrufer, mein Magnet! Der darf die Schwelle nicht verlassen!“

„Was da!“ erwiderte die alte Dame und steckte Said ohne weiteres ihren Pack unter den Arm, „das sind ein schlechter Kaufmann und elende Waren, die sich nicht selbst loben und erst noch solch einen müßigen Bengel zum Schild brauchen. Geh, geh, Bursche, du sollst heute ein Trinkgeld verdienen!“

„So lauf im Namen Arimans und aller bösen Geister“, murmelte Kalum-Beck seinem Magnet zu, „und siehe zu, daß du bald wiederkommst; die alte Hexe könnte mich ins Geschrei bringen auf dem ganzen Basar, wollte ich mich länger weigern.“

Said folgte der Frau, die leichteren Schrittes, als man ihrem Alter zutrauen sollte, durch den Markt und die Straßen eilte. Sie stand endlich vor einem prachtvollen Hause still, pochte an, die Flügeltüren sprangen auf, und sie stieg eine Marmortreppe hinan und winkte Said zu folgen. Sie gelangten endlich in einen hohen, weiten Saal, der mehr Pracht und Herrlichkeit enthielt, als Said jemals geschaut hatte. Dort setzte sich die alte Frau erschöpft auf ein Polster, winkte dem jungen Mann, seinen Pack niederzulegen, reichte ihm ein kleines Silberstück und hieß ihn gehen.

Er war schon an der Türe, als eine helle, feine Stimme „Said“ rief; verwundert, daß man ihn hier kenne, schaute er sich um, und eine wunderschöne Dame, umgeben von vielen Sklaven und Dienerinnen, saß statt der Alten auf dem Polster. Said, ganz stumm vor Verwunderung, kreuzte seine Arme und machte eine tiefe Verbeugung.

„Said, mein lieber Junge“, sprach die Dame, „so sehr ich die Unfälle bedaure, die dich nach Bagdad führten, so war doch dies der einzige vom Schicksal bestimmte Ort, wo sich, wenn du vor dem zwanzigsten Jahr dein Vaterhaus verließest, dein Schicksal lösen würde. Said, hast du noch dein Pfeifchen?“

„Wohl hab' ich es noch“, rief er freudig, indem er die goldene Kette hervorzog, „und Ihr seid vielleicht die gütige Fee, die mir dieses Angebinde gab, als ich geboren wurde?“

„Ich war die Freundin deiner Mutter“, antwortete die Fee, „und bin auch deine Freundin, solange du gut bleibst. Ach, daß dein Vater, der leichtsinnige Mann, meinen Rat befolgt hätte! Du würdest vielen Leiden entgangen sein.“

„Nun, es hat wohl so kommen müssen!“ erwiderte Said. „Aber gnädigste Fee, lasset einen tüchtigen Nordostwind an Euren Wolkenwagen spannen, nehmet mich auf und fährt mich in ein paar Minuten nach Balsora zu meinem Vater; ich will dann die sechs Monate bis zu meinem zwanzigsten Jahre geduldig dort ausharren.“

Die Fee lächelte. „Du hast eine gute Weise, mit uns zu sprechen“, antwortete sie, „aber, armer Said, es ist nicht möglich; ich vermag jetzt, wo du außer deinem Vaterhause bist, nichts Wunderbares für dich zu tun. Nicht einmal aus der Gewalt des elenden Kalum-Beck vermag ich dich zu befreien. Er steht unter dem Schutze deiner mächtigen Feindin.“

„Also nicht nur eine gütige Freundin habe ich“, fragte Said, „auch eine Feindin? Nun, ich glaube ihren Einfluß schon öfter erfahren zu haben.

Aber mit Rat dürfet Ihr mich doch unterstützen? Soll ich nicht zum Kalifen gehen und ihn um Schutz bitten? Er ist ein weiser Mann, er wird mich gegen Kalum-Beck beschützen.“

„Ja, Harun ist ein weiser Mann!“ erwiderte die Fee. „Aber leider ist er auch nur ein Mensch. Er traut seinem Großkämmerer Messour soviel als sich selbst, und er hat recht; denn er hat Messour erprobt und treu gefunden. Messour aber traut deinem Freund Kalum-Beck auch wie sich selbst, und darin hat er unrecht, denn Kalum ist ein schlechter Mann, wenn er schon Messours Verwandter ist. Kalum ist zugleich ein verschlagener Kopf und hat, sobald er hierherkam, seinem Vetter Großkämmerer eine Fabel über dich erdichtet und angeheftet, und dieser hat sie wieder dem Kalifen erzählt, so daß du, kämest du auch jetzt gleich in den Palast Haruns, schlecht empfangen werden würdest, denn er traute dir nicht. Aber es gibt andere Mittel und Wege, sich ihm zu nahen, und es steht in den Sternen geschrieben, daß du seine Gnade erwerben sollst.“

„Das ist freilich schlimm“, sagte Said wehmütig. „Da werde ich schon noch einige Zeit der Ladenhüter des elenden Kalum-Beck sein müssen. Aber eine Gnade, verehrte Frau, könnet Ihr mir doch gewähren. Ich bin zum Waffenwerk erzogen, und meine höchste Freude ist ein Kampfspiel, wo recht tüchtig gefochten wird mit Lanze, Bogen und stumpfem Schwert. Nun halten die edelsten Jünglinge dieser Stadt alle Wochen ein solches Kampfspiel. Aber nur Leute im höchsten Schmuck und überdies nur freie Männer dürfen in die Schranken reiten, namentlich aber kein Diener aus dem Basar. Wenn Ihr nun bewirken könntet, daß ich alle Wochen ein Pferd, Kleider und Waffen haben könnte und daß man mein Gesicht nicht so leicht erkennte“

„Das ist ein Wunsch, wie ihn ein edler junger Mann wohl wagen darf“, sprach die Fee, „der Vater deiner Mutter war der tapferste Mann in Syrien, und sein Geist scheint sich auf dich vererbt zu haben. Merke dir dies Haus; du sollst jede Woche hier ein Pferd und zwei berittene Knappen, ferner Waffen und Kleider finden, und ein Waschwasser für dein Gesicht, das dich für alle Augen unkenntlich machen soll. Und nun, Said, lebe wohl!

Harre aus und sei klug und tugendhaft! In sechs Monaten wird dein Pfeifchen tönen, und Zulimas Ohr wird für seine Töne offen sein.“

Der Jüngling schied von seiner wunderbaren Beschützerin mit Dank und Verehrung; er merkte sich das Haus und die Straße genau und ging dann wieder nach dem Basar.

Als Said in den Basar zurückkehrte, kam er gerade noch zu rechter Zeit, um seinen Herrn und Meister Kalum-Beck zu unterstützen und zu retten. Ein großes Gedränge war um den Laden, Knaben tanzten um den Kaufmann her und verhöhnten ihn, und die Alten lachten. Er selbst stand vor Wut zitternd und in großer Verlegenheit vor dem Laden, in der einen Hand einen Schal, in der andern den Schleier. Diese sonderbare Szene kam aber von einem Vorfall her, der sich nach Saids Abwesenheit ereignet hatte. Kalum hatte sich statt seines schönen Dieners unter die Türe gestellt und ausgerufen, aber niemand mochte bei dem alten häßlichen Burschen kaufen. Da gingen zwei Männer den Basar herab und wollten für ihre Frauen Geschenke kaufen. Sie waren suchend schon einigemal auf und nieder gegangen, und eben jetzt sah man sie mit umherirrenden Blicken wieder herabsehen.

Kalum-Beck, der dies bemerkte, wollte es sich zu Nutzen machen und rief: „Hier, meine Herren, hier! Was suchet ihr? Schöne Schleier, schöne Ware?“

„Guter Alter“, erwiderte einer, „deine Waren mögen recht gut sein, aber unsere Frauen sind wunderlich, und es ist Sitte in der Stadt geworden, die Schleier bei niemand zu kaufen als bei dem schönen Ladendiener Said; wir gehen schon eine halbe Stunde umher, ihn zu suchen, und finden ihn nicht; aber kannst du uns sagen, wo wir ihn etwa treffen, so kaufen wir dir ein andermal ab.“

„Allahit, Allah!“ rief Kalum-Beck freundlich grinsend. „Euch hat der Prophet vor die rechte Türe geführt. Zum schönen Ladendiener wollet ihr, um Schleier zu kaufen? Nun tretet nur ein, hier ist sein Gewölbe.“

Der eine dieser Männer lachte über Kalums kleine und häßliche Gestalt und seine Behauptung, daß er der schöne Ladendiener sei; der andere aber glaubte, Kalum wolle sich über ihn lustig machen, blieb ihm nichts schuldig, sondern schimpfte ihn weidlich. Dadurch kam Kalum-Beck außer sich; er rief seine Nachbarn zu Zeugen auf, daß man keinen andern Laden als den seinigen das Gewölbe des schönen Ladendieners nenne; aber die Nachbarn, welche ihn wegen des Zulaufs, den er seit einiger Zeit hatte, beneideten, wollten hiervon nichts wissen, und die beiden Männer gingen nun dem alten Lügner, wie sie ihn nannten, ernstlich zu Leib. Kalum verteidigte sich mehr durch Geschrei und Schimpfworte als durch seine Faust, und so lockte er eine Menge Menschen vor sein Gewölbe; die halbe Stadt kannte ihn als einen geizigen, gemeinen Filz, alle Umstehenden gönnten ihm die Püffe, die er bekam, und schon packte ihn einer der beiden Männer am Bart, als eben dieser am Arm gefaßt und mit einem einzigen Ruck zu Boden geworfen wurde, so daß sein Turban herabfiel und seine Pantoffeln weit hinwegflogen.

Die Menge, welche es wahrscheinlich gerne gesehen hätte, wenn Kalum-Beck mißhandelt worden wäre, murrte laut, der Gefährte des Niedergeworfenen sah sich nach dem um, der es gewagt hatte, seinen Freund niederzuwerfen; als er aber einen hohen, kräftigen Jüngling mit blitzenden Augen und mutiger Miene vor sich stehen sah, wagte er es nicht, ihn anzugreifen, da überdies Kalum, dem seine Rettung wie ein Wunder erschien, auf den jungen Mann deutete und schrie: „Nun, was wollt ihr denn mehr? Da steht er ja, ihr Herren, das ist Said, der schöne Ladendiener." Die Leute umher lachten, weil sie wußten, daß Kalum-Beck vorhin unrecht geschehen war. Der niedergeworfene Mann stand beschämt auf und hinkte mit seinem Genossen weiter, ohne weder Schal noch Schleier zu kaufen.

„O du Stern aller Ladendiener, du Krone des Basars!" rief Kalum, als er seinen Diener in den Laden führte, „wahrlich, das heiße ich zu rechter Zeit kommen, das nenne ich die Hand ins Mittel legen; lag doch der Bursche auf dem Boden, als ob er nie auf den Beinen gestanden wäre, und ich ich hätte keinen Barbier mehr gebraucht, um mir den Bart kämmen und salben zu lassen, wenn du nur zwei Minuten später kamst; womit kann ich es dir vergelten?"

Es war nur das schnelle Gefühl des Mitleids gewesen, was Saids Hand und Herz regiert hatte; jetzt, als dieses Gefühl sich legte, reute es ihn fast, daß er die gute Züchtigung dem bösen Manne erspart hatte; ein Dutzend Barthaare weniger, dachte er, hätten ihn auf zwölf Tage sanft und geschmeidig gemacht; er suchte aber dennoch die günstige Stimmung des Kaufmanns zu benützen und erbat sich von ihm zum Dank die Gunst, alle Wochen einmal einen Abend für sich benützen zu dürfen zu einem Spaziergang, oder zu was es auch sei. Kalum gab es zu; denn er wußte wohl, daß sein gezwungener Diener zu vernünftig sei, um ohne Geld und gute Kleider zu entfliehen.

Bald hatte Said erreicht, was er wollte. Am nächsten Mittwoch, dem Tag, wo sich die jungen Leute aus den vornehmsten Ständen auf einem öffentlichen Platz der Stadt versammelten, um ihre kriegerischen Übungen zu halten, sagte er zu Kalum, er wolle diesen Abend für sich benützen, und als dieser es erlaubt hatte, ging er in die Straße, wo die Fee wohnte, pochte an, und sogleich sprang die Pforte auf. Die Diener schienen auf seine Ankunft schon vorbereitet gewesen zu sein; denn ohne ihn erst nach seinem Begehren zu fragen, führten sie ihn die Treppe hinan in ein schönes Gemach; dort reichten sie ihm zuerst das Waschwasser, das ihn unkenntlich machen sollte. Er benetzte sein Gesicht damit, schaute dann in einen Metallspiegel und kannte sich beinahe selbst nicht mehr; denn er war jetzt von der Sonne gebräunt, trug einen schönen schwarzen Bart und sah zum mindesten zehn Jahre älter aus, als er in der Tat zählte.

Hierauf führten sie ihn in ein zweites Gemach, wo er eine vollständige und prachtvolle Kleidung fand, in welcher sich der Kalif von Bagdad selbst nicht hätte schämen dürfen an dem Tag, wo er im vollen Glanze seiner Herrlichkeit sein Heer musterte. Außer einem Turban vom feinsten Gewebe mit einer Agraffe von Diamanten und hohen Reiherfedern, einem Kleid von schwerem rotem Seidenzeug, mit silbernen Blumen durchwirkt, fand Said einen Brustpanzer von silbernen Ringen, der so fein gearbeitet war, daß er sich nach jeder Bewegung des Körpers schmiegte, und doch zugleich so fest, daß ihn weder die Lanze noch das Schwert durchdringen konnten. Eine Damaszenerklinge in reich verzierter Scheide mit einem

Griff, dessen Steine Said unschätzbar deuchten, vollendete seinen kriegerischen Schmuck. Als er völlig gerüstet wieder aus der Türe trat, überreichte ihm einer der Diener ein seidenes Tuch und sagte ihm, daß die Gebieterin des Hauses ihm dieses Tuch schicke; wenn er damit sein Gesicht abwische, so werden der Bart und die braune Farbe verschwinden.

In dem Hof des Hauses standen drei schöne Pferde; das schönste bestieg Said, die beiden andern seine Diener, und dann trabte er freudig dem Platze zu, wo die Kampfspiele gehalten werden sollten. Durch den Glanz seiner Kleider und die Pracht seiner Waffen zog er aller Augen auf sich, und ein allgemeines Geflüster des Staunens entstand, als er in den Ring, welchen die Menge umgab, einritt. Es war eine glänzende Versammlung der tapfersten und edelsten Jünglinge Bagdads; selbst die Brüder des Kalifen sah man ihre Rosse tummeln und die Lanzen schwangen. Als Said heranritt und niemand ihn zu kennen schien, ritt der Sohn des Großwesirs mit einigen Freunden auf ihn zu, grüßte ihn ehrerbietig, lud ihn ein, an ihren Spielen teilzunehmen, und fragte ihn nach seinem Namen und seinem Vaterland. Said gab vor, er heiße Almansor und komme von Kairo, sei auf einer Reise begriffen und habe von der Tapferkeit und Geschicklichkeit der jungen Edlen von Bagdad so vieles gehört, daß er nicht gesäumt habe, sie zu sehen und kennenzulernen. Den jungen Leuten gefielen der Anstand und das mutige Wesen Said-Almansors; sie ließen ihm eine Lanze reichen und seine Partei wählen; denn die ganze Gesellschaft hatte sich in zwei Parteien geteilt, um einzeln und in Scharen gegeneinander zu fechten.

Aber hatte schon Saids Äußeres die Aufmerksamkeit auf ihn gelenkt, so staunte man jetzt noch mehr über seine ungewöhnliche Geschicklichkeit und Behendigkeit. Sein Pferd war schneller als ein Vogel, und sein Schwert schwirrte noch behender umher. Er warf die Lanze so leicht, weit und sicher, als wäre sie ein Pfeil, den er von einem sicheren Bogen abgeschnellt hätte. Die Tapfersten seiner Gegenpartei besiegte er, und am Schluß der Spiele war er so allgemein als Sieger anerkannt, daß einer der Brüder des Kalifen und der Sohn des Großwesirs, die auf Saids Seite gekämpft hatten, ihn baten, auch mit ihnen zu streiten. Ali, der Bruder des Kalifen, wurde von ihm besiegt, aber der Sohn des Großwesirs widerstand ihm so tapfer, daß sie es nach langem Kampfe für besser hielten, die Entscheidung für das nächstemal aufzusparen.

Den Tag nach diesen Spielen sprach man in ganz Bagdad von nichts als dem schönen, reichen und tapfren Fremdling; alle, die ihn gesehen hatten, ja selbst die von ihm besiegt waren, waren entzückt von seinen edlen Sitten, und sogar vor seinen eigenen Ohren im Gewölbe Kalum-Becks wurde über ihn gesprochen, und man beklagte nur, daß niemand wisse, wo er wohne. Das nächstemal fand er im Hause der Fee ein noch schöneres Kleid und noch köstlicheren Waffenschmuck. Diesmal hatte sich halb Bagdad zugedrängt, selbst der Kalif sah von einem Balkon herab dem Schauspiel zu; auch er bewunderte den Fremdling Almansor und hing ihm, als die Spiele geendet hatten, eine große Denkmünze von Gold an einer goldenen Kette um den Hals, um ihm seine Bewunderung zu bezeigen. Es konnte nicht anders kommen, als daß dieser zweite, noch glänzendere Sieg den Neid der jungen Leute von Bagdad aufregte. „Ein Fremdling", sprachen sie untereinander, „soll hierher kommen nach Bagdad, uns Ruhm, Ehre und Sieg zu entreißen? Er soll sich an andern Orten damit brüsten können, daß unter der Blüte von Bagdads Jünglingen keiner gewesen sei, der es entfernt hätte mit ihm aufnehmen können?" So sprachen sie und beschlossen, beim nächsten Kampfspiel, als wäre es durch Zufall geschehen, zu fünf oder sechs über ihn herzufallen.

Saids scharfen Blicken entgingen diese Zeichen des Unmuts nicht; er sah, wie sie in der Ecke zusammenstanden, flüsterten und mit bösen Mienen auf ihn deuteten; er ahnte, daß außer dem Bruder des Kalifen und dem Sohn des Großwesirs keiner sehr freundlich gegen ihn gesinnt sein möchte, und diese selbst wurden ihm durch ihre Fragen lästig, wo sie ihn aufsuchen könnten, womit er sich beschäftige, was ihm in Bagdad wohlgefallen habe und dergleichen.

Es war ein sonderbarer Zufall, daß derjenige der jungen Männer, welcher Said-Almansor mit den grimmigsten Blicken betrachtete und am feindseligsten gegen ihn gesinnt schien, niemand anders war als der Mann, den er vor einiger Zeit bei Kalum-Becks Bude niedergeworfen hatte, als er gerade im Begriff war, dem unglücklichen Kaufmann den Bart auszureißen. Dieser Mann betrachtete ihn immer aufmerksam und neidisch. Said hatte ihn zwar schon einigemal besiegt, aber dies war kein Grund zu solcher Feindseligkeit, und Said fürchtete schon, jener möchte ihn an seinem Wuchs oder an der Stimme als Kalum-Becks Ladendiener erkannt haben, eine Entdeckung, die ihn dem Spott und der Rache dieser Leute aussetzen würde. Der Anschlag, welchen seine Neider auf ihn gemacht hatten, scheiterte sowohl an seiner Vorsicht und Tapferkeit als auch an der Freundschaft, womit ihm der Bruder des Kalifen und der Sohn des Großwesirs zugetan waren. Als diese sahen, daß er von wenigstens sechs umringt sei, die ihn vom Pferd zu werfen oder zu entwaffnen suchten, sprengten sie herbei, jagten den ganzen Trupp auseinander und drohten den jungen Leuten, welche so verräterisch gehandelt hatten, sie aus der Kampfbahn zu stoßen. Mehr denn vier Monate hatte Said auf diese Weise zum Erstaunen Bagdads seine Tapferkeit erprobt, als er eines Abends beim Nachhausegehen von dem Kampfplatz einige Stimmen vernahm, die ihm bekannt schienen. Vor ihm gingen vier Männer, die sich langsamen Schrittes über etwas zu beraten schienen. Als Said leise näher trat, hörte er, daß sie den Dialekt der Horde Selims in der Wüste sprachen, und ahnte, daß die vier Männer auf irgendeine Räuberei ausgingen. Sein erstes Gefühl war, sich von diesen vieren zurückzuziehen; als er aber bedachte, daß er irgend etwas Böses verhindern könnte, schlich er sich noch näher herzu, diese Männer zu behorchen.

„Der Türsteher hat ausdrücklich gesagt, die Straße rechts vom Basar“, sprach der eine, „dort werde und müsse er heute nacht mit dem Großwesir durchkommen.“

„Gut“, antwortete ein anderer. „Den Großwesir fürchte ich nicht; er ist alt und wohl kein sonderlicher Held, aber der Kalif soll ein gutes Schwert fuhren, und ich traue ihm nicht; es schleichen ihm gewiß zehn oder zwölf von der Leibwache nach.“

„Keine Seele“, entgegnete ihm ein dritter. „Wenn man ihn je gesehen und erkannt hat bei Nacht, war er immer nur allein mit dem Wesir oder mit dem Oberkämmerling. Heute nacht muß er unser sein, aber es darf ihm kein Leid geschehen."

„Ich denke, das beste ist", sprach der erste, „wir werfen ihm eine Schlinge über den Kopf; töten dürfen wir ihn nicht; denn für seinen Leichnam würden sie ein geringes Lösegeld geben, und überdies wären wir nicht sicher, es zu bekommen."

„Also eine Stunde vor Mitternacht!" sagten sie zusammen und schieden, der eine hierhin, der andere dorthin.

Said war über diesen Anschlag nicht wenig erschrocken. Er beschloß, sogleich zum Palast des Kalifen zu eilen und ihn von der Gefahr, die ihm drohte, zu unterrichten. Aber als er schon durch mehrere Straßen gelaufen war, fielen ihm die Worte der Fee bei, die ihm gesagt hatte, wie schlecht er bei dem Kalifen angeschrieben sei; er bedachte, daß man vielleicht seine Angabe verlachen oder als einen Versuch, bei dem Beherrscher von Bagdad sich einzuschmeicheln, ansehen könnte, und so hielt er seine Schritte an und achtete es für das beste, sich auf sein gutes Schwert zu verlassen und den Kalifen persönlich aus den Händen der Räuber zu retten.

Er ging daher nicht in Kalum-Becks Haus zurück, sondern setzte sich auf die Stufen einer Moschee und wartete dort, bis die Nacht völlig angebrochen war; dann ging er am Basar vorbei in jene Straße, welche die Räuber bezeichnet hatten, und verbarg sich hinter dem Vorsprung eines Hauses. Er mochte ungefähr eine Stunde dort gestanden sein, als er zwei Männer langsam die Straße herabkommen hörte, anfänglich glaubte er, es seien der Kalif und sein Großwesir, aber einer der Männer klatschte in die Hand, und sogleich eilten zwei andere sehr leise die Straße herauf vom Basar her. Sie flüsterten eine Weile und verteilten sich dann; drei versteckten sich nicht weit von ihm, und einer ging in der Straße auf und ab. Die Nacht war sehr finster, aber stille, und so mußte sich Said auf sein scharfes Ohr beinahe ganz allein verlassen.

Wieder war etwa eine halbe Stunde vergangen, als man gegen den Basar hin Schritte vernahm. Der Räuber mochte sie auch gehört haben; er schlich an Said vorüber dem Basar zu. Die Schritte kamen näher, und schon konnte Said einige dunkle Gestalten erkennen, als der Räuber in die Hand klatschte, und in demselben Augenblicke stürzten die drei aus dem Hinterhalt hervor. Die Angegriffenen mußten übrigens bewaffnet sein; denn er vernahm den Klang von aneinander geschlagenen Schwertern. Sogleich zog er seine Damaszenerklinge und stürzte sich mit dem Ruf: „Nieder mit den Feinden des großen Harun!“ auf die Räuber, streckte mit dem ersten Hieb einen zu Boden und drang dann auf zwei andere ein, die eben im Begriff waren, einen Mann, um welchen sie einen Strick geworfen hatten, zu entwaffnen. Er hieb blindlings auf den Strick ein, um ihn zu zerschneiden, aber er traf dabei einen der Räuber so heftig über den Arm, daß er ihm die Hand abschlug; der Räuber stürzte mit fürchterlichem Geschrei auf die Knie. Jetzt wandte sich der vierte, der mit einem andern Mann gefochten hatte, gegen Said, der noch mit dem dritten im Kampf war; aber der Mann, um welchen man die Schlinge geworfen hatte, sah sich nicht sobald frei, als er seinen Dolch zog und ihn dem Angreifenden von der Seite in die Brust stieß. Als dies der noch Übriggebliebene sah, warf er seinen Säbel weg und floh.

Said blieb nicht lange in Ungewißheit, wen er gerettet habe; denn der größere der beiden Männer trat zu ihm und sprach: „Das eine ist so sonderbar wie das andere, dieser Angriff auf mein Leben oder meine Freiheit, wie die unbegreifliche Hilfe und Rettung. Wie wußtet Ihr, wer ich bin? Habt Ihr von dem Anschlag dieser Menschen gewußt?“

„Beherrscher der Gläubigen“, antwortete Said, „denn ich zweifle nicht, daß du es bist, ich ging heute abend durch die Straße El Malek hinter einigen Männern, deren fremden und geheimnisvollen Dialekt ich einst gelernt habe. Sie sprachen davon, dich gefangenzunehmen und den würdigen Mann, deinen Wesir, zu töten. Weil es nun zu spät war, dich zu warnen, beschloß ich, an den Platz zu gehen, wo sie dir auflauern wollten, um dir beizustehen.“

„Danke dir“, sprach Harun, „an dieser Stätte ist übrigens nicht gut weilen; nimm diesen Ring und komm damit morgen in meinen Palast; wir wollen dann mehr über dich und deine Hilfe reden und sehen, wie ich dich am besten belohnen kann. Komm, Wesir, hier ist nicht gut bleiben; sie können wiederkommen."

Er sprach es und wollte den Großwesir fortziehen, nachdem er dem Jüngling einen Ring an den Finger gesteckt hatte, dieser aber bat ihn, noch ein wenig zu verweilen, wandte sich um und reichte dem überraschten Jüngling einen schweren Beutel. „Junger Mann", sprach er, „mein Herr, der Kalif, kann dich zu allem machen, wozu er will, selbst zu meinem Nachfolger, ich selbst kann wenig tun, und was ich tun kann, geschieht heute besser als morgen; drum nimm diesen Beutel. Das soll meinen Dank übrigens nicht abkaufen. So oft du irgendeinen Wunsch hast, komm getrost zu mir!"

Ganz trunken vor Glück eilte Said nach Hause. Aber hier wurde er übel empfangen; Kalum-Beck wurde über sein langes Ausbleiben zuerst unwillig und dann besorgt; denn er dachte, er könnte leicht das schöne Aushängeschild seines Gewölbes verlieren. Er empfing ihn mit Schmähworten und tobte und raste wie ein Wahnsinniger. Aber Said, der einen Blick in den Beutel getan und gefunden hatte, daß er lauter Goldstücke enthalte, bedachte, daß er jetzt nach seiner Heimat reisen könne, auch ohne die Gnade des Kalifen, die gewiß nicht geringer war als der Dank seines Wesirs, und so blieb er ihm kein Wort schuldig, sondern erklärte ihm rund und deutlich, daß er keine Stunde länger bei ihm bleiben werde. Von Anfang erschrak Kalum-Beck hierüber sehr, dann aber lachte er höhnisch und sprach: „Du Lump und Landläufer, du ärmlicher Wicht! Wohin willst du denn deine Zuflucht nehmen, wenn ich meine Hand von dir abziehe? Wo willst du ein Mittagessen bekommen und wo ein Nachtlager?"

„Das soll Euch nicht bekümmern, Herr Kalum-Beck", antwortete Said trotzig, „gehabt Euch wohl, mich sehet Ihr nicht wieder!"

Er sprach es und lief zur Türe hinaus, und Kalum-Beck schaute ihm sprachlos vor Staunen nach. Den andern Morgen aber, nachdem er sich den Fall recht überlegt hatte, schickte er seine Packknechte aus und ließ überall nach dem Flüchtling spähen. Lange suchten sie umsonst, endlich aber kam einer zurück und sagte, er habe Said, den Ladendiener, aus einer Moschee kommen und in eine Karawanserei gehen sehen. Er sei aber ganz verändert, trage ein schönes Kleid, einen Dolch und Säbel und einen prachtvollen Turban.

Als Kalum-Beck dies hörte, schwur er und rief: „Bestohlen hat er mich und sich dafür gekleidet. Oh, ich geschlagener Mann!“ Dann lief er zum Aufseher der Polizei, und da man wußte, daß er ein Verwandter von Messour, dem Oberkämmerling, sei, so wurde es ihm nicht schwer, einige Polizeidiener von ihm zu erlangen, um Said zu verhaften. Said saß vor einer Karawanserei und besprach sich ganz ruhig mit einem Kaufmann, den er da gefunden, über eine Reise nach Balsora, seiner Vaterstadt; da fielen plötzlich einige Männer über ihn her und banden ihm trotz seiner Gegenwehr die Hände auf den Rücken. Er fragte sie, was sie zu dieser Gewalttat berechtige, und sie antworteten, es geschehe im Namen der Polizei und seines rechtmäßigen Gebieters Kalum-Beck. Zugleich trat der kleine, häßliche Mann herzu, verhöhnte und verspottete Said, griff in seine Tasche und zog zum Staunen der Umstehenden und mit Triumphgeschrei einen großen Beutel mit Gold heraus.

„Sehet! Das alles hat er mir nach und nach gestohlen, der schlechte Mensch!“ rief er, und die Leute sahen mit Abscheu auf den Gefangenen und riefen: „Wie! Noch so jung, so schön und doch so schlecht! Zum Gericht, zum Gericht, damit er die Bastonade erhalte „ So schleppten sie ihn fort, und ein ungeheurer Zug Menschen aus allen Ständen schloß sich an; sie riefen: „Sehet, das ist der schönste Ladendiener vom Basar er hat seinen Herrn bestohlen und ist entflohen zweihundert Goldstücke hat er gestohlen.“

Der Aufseher der Polizei empfing den Gefangenen mit finsterer Miene; Said wollte sprechen, aber der Beamte gebot ihm zu schweigen und verhörte nur den kleinen Kaufmann. Er zeigte ihm den Beutel und fragte ihn, ob ihm dieses Gold gestohlen worden sei; Kalum-Beck beschwor es; aber sein Meineid verhalf ihm zwar zu dem Gold, doch nicht zu dem schönen Ladendiener, der ihm tausend Goldstücke wert war; denn der Richter sprach: „Nach einem Gesetz, das mein großmächtigster Herr, der

Kalif, erst vor wenigen Tagen geschärft hat, wird jeder Diebstahl, der hundert Goldstücke übersteigt und auf dem Basar begangen wird, mit ewiger Verbannung auf eine wüste Insel bestraft. Dieser Dieb kommt gerade zu rechter Zeit, er macht die Zahl von zwanzig solcher Burschen voll; morgen werden sie auf eine Barke gepackt und in die See geführt."

Said war in Verzweiflung; er beschwor den Beamten, ihn anzuhören, ihn nur ein Wort mit dem Kalifen sprechenzulassen; aber er fand keine Gnade. Kalum-Beck, der jetzt seinen Schwur bereute, sprach ebenfalls für ihn, aber der Richter antwortete: „Du hast dein Gold und kannst zufrieden sein, gehe nach Hause und verhalte dich ruhig, sonst strafe ich dich für jeden Widerspruch um zehn Goldstücke." Kalum schwieg bestürzt, der Richter aber winkte, und der unglückliche Said wurde abgeführt.

Man brachte ihn in ein finsteres und feuchtes Gefängnis; neunzehn elende Menschen lagen dort auf Stroh umher und empfingen ihn als ihren Leidensgefährten mit rohem Gelächter und Verwünschungen gegen den Richter und den Kalifen. So schrecklich sein Schicksal vor ihm lag, so fürchterlich der Gedanke war, auf eine wüste Insel verbannt zu werden, so fand er doch noch einigen Trost darin, schon am folgenden Tag aus diesem schrecklichen Gefängnis erlöst zu werden. Aber er täuschte sich sehr, als er glaubte, sein Zustand auf dem Schiff würde besser sein. In den untersten Raum, wo man nicht aufrecht stehen konnte, wurden die zwanzig Verbrecher hinabgeworfen, und dort stießen und schlugen sie sich um die besten Plätze.

Die Anker wurden gelichtet, und Said weinte bittere Tränen, als das Schiff, das ihn von seinem Vaterlande entfahren sollte, sich zu bewegen anfing. Nur einmal des Tages teilte man ihnen ein wenig Brot und Früchte und einen Trunk süßen Wassers aus, und so dunkel war es in dem Schiffsraum, daß man immer Lichter herabbringen mußte, wenn die Gefangenen speisen sollten. Beinahe alle zwei, drei Tage fand man einen Toten unter ihnen, so ungesund war die Luft in diesem Wasserkerker, und Said wurde nur durch seine Jugend und seine feste Gesundheit erhalten.

Vierzehn Tage waren sie schon auf dem Wasser, als eines Tages die Wellen heftiger rauschten und ein ungewöhnliches Treiben und Rennen auf dem Schiffe entstand.

Said ahnete, daß ein Sturm im Anzug sei; es war ihm sogar angenehm, denn er hoffte dann zu sterben.

Heftiger wurde das Schiff hin und her geworfen, und endlich saß es mit schrecklichem Krachen fest. Geschrei und Geheul scholl von dem Verdeck herab und mischte sich mit dem Brausen des Sturmes. Endlich wurde es wieder stille, aber zu gleicher Zeit entdeckte auch einer der Gefangenen, daß das Wasser in das Schiff eindringe. Sie pochten an der Falltüre nach oben, aber man antwortete ihnen nicht. Als daher das Wasser immer heftiger eindrang, drängten sie sich mit vereinigten Kräften gegen die Türe und sprengten sie auf.

Sie stiegen die Treppe hinan, aber oben fanden sie keinen Menschen mehr. Die ganze Schiffsmannschaft hatte sich in Booten gerettet. Jetzt gerieten die meisten Gefangenen in Verzweiflung; denn der Sturm wütete immer heftiger, das Schiff krachte und senkte sich. Noch einige Stunden saßen sie auf dem Verdeck und hielten ihre letzte Mahlzeit von den Vorräten, die sie im Schiff gefunden; dann erneuerte sich auf einmal der Sturm, das Schiff wurde von der Klippe, worauf es festsaß, hinweggerissen und brach zusammen.

Said hatte sich am Mast angeklammert und hielt ihn, als das Schiff geborsten war, noch immer fest. Die Wellen warfen ihn hin und her; aber er hielt sich, mit den Füßen rudernd, immer wieder oben. So schwamm er in immerwährender Todesgefahr eine halbe Stunde; da fiel die Kette mit dem Pfeifchen wieder aus seinem Kleid, und noch einmal wollte er versuchen, ob es nicht töne. Mit der einen Hand klammerte er sich fest, mit der andern setzte er es an seinen Mund, blies, ein heller, klarer Ton erscholl, und augenblicklich legte sich der Sturm, und die Wellen glätteten sich, als hätte man Öl darauf ausgegossen. Kaum hatte er sich mit leichterem Atem umgesehen, ob er nicht irgendwo Land erspähen könnte, als der Mast unter ihm sich auf eine sonderbare Weise auszudehnen und zu bewegen anfing, und zu seinem nicht geringen Schrecken nahm er wahr, daß er nicht mehr auf Holz, sondern auf einem ungeheuren Delphin reite; nach einigen Augenblicken aber kehrte seine Fassung zurück, und da er sah, daß der Delphin zwar schnell, aber ruhig und gelassen seine Bahn fortschwimme, schrieb er seine wunderbare Rettung dem silbernen Pfeifchen und der gütigen Fee zu und rief seinen feurigsten Dank in die Lüfte.

Pfeilschnell trug ihn sein wunderbares Pferd durch die Wogen, und noch ehe es Abend wurde, sah er Land und erkannte einen breiten Fluß, in welchen der Delphin auch sogleich einbog. Stromaufwärts ging es langsamer, und um nicht verschmachten zu müssen, nahm Said, der sich aus alten Zaubergeschichten erinnerte, wie man zaubern müsse, das Pfeifchen heraus, pfiff laut und herzhaft und wünschte sich dann ein gutes Mahl. Sogleich hielt der Fisch stille, und hervor aus dem Wasser tauchte ein Tisch, so wenig naß, als ob er acht Tage an der Sonne gestanden wäre, und reich besetzt mit köstlichen Speisen. Said griff weidlich zu, denn seine Kost während seiner Gefangenschaft war schmal und elend gewesen, und als er sich hinlänglich gesättigt hatte, sagte er Dank; der Tisch tauchte nieder, er aber stauchte den Delphin in die Seite, und sogleich schwamm dieser weiter den Fluß hinauf.

Die Sonne fing schon an zu sinken, als Said in dunkler Ferne eine große Stadt erblickte, deren Minaretts ihm Ähnlichkeit mit denen von Bagdad zu haben schienen. Der Gedanke an Bagdad war ihm nicht sehr angenehm; aber sein Vertrauen auf die gütige Fee war so groß, daß er fest glaubte, sie werde ihn nicht wieder in die Hände des schändlichen Kalum-Beck fallen lassen. Zur Seite, etwa eine Meile von der Stadt und nahe am Fluß, erblickte er ein prachtvolles Landhaus, und zu seiner großen Verwunderung lenkte der Fisch nach diesem Hause hin.

Auf dem Dach des Hauses standen mehrere schön gekleidete Männer, und am Ufer sah Said eine große Menge Diener, und alle schauten nach ihm und schlugen vor Verwunderung die Hände zusammen. An einer Marmortreppe, die vom Wasser nach dem Lustschloß hinaufführte, hielt der Delphin an, und kaum hatte Said einen Fuß auf die Treppe gesetzt, so war auch schon der Fisch spurlos verschwunden. Zugleich eilten einige Diener die Treppe hinab und baten im Namen ihres Herrn, zu ihm hinaufzukommen, und boten ihm trockene Kleider an. Er kleidete sich schnell um und folgte dann den Dienern auf das Dach, wo er drei Männer fand, von welchen der größte und schönste ihm freundlich und huldreich entgegenkam. „Wer bist du, wunderbarer Fremdling“, sprach er, „der du die Fische des Meeres zähmst und links und rechts leitest, wie der beste Reiter sein Streitroß? Bist du ein Zauberer oder ein Mensch wie wir?“

„Herr!“ antwortete Said, „mir ist es in den letzten Wochen schlecht ergangen; wenn Ihr aber Vergnügen daran findet, so will ich Euch erzählen.“ Und nun hub er an und erzählte den drei Männern seine Geschichte von dem Augenblick an, wo er seines Vaters Haus verlassen hatte, bis zu seiner wunderbaren Rettung.

Oft wurde er von ihnen mit Zeichen des Staunens und der Verwunderung unterbrochen; als er aber geendet hatte, sprach der Herr des Hauses, der ihn so freundlich empfangen hatte: „Ich traue deinen Worten, Said! Aber du erzähltest uns, daß du im Wettkampfe eine Kette gewonnen, und daß dir der Kalif einen Ring geschenkt; kannst du wohl diese uns zeigen?“

„Hier auf meinem Herzen habe ich beide verwahrt“, sprach der Jüngling, „und nur mit meinem Leben hätte ich so teure Geschenke hergegeben; denn ich achte es für die ruhmvollste und schönste Tat, daß ich den großen Kalifen aus den Händen seiner Mörder befreite.“ Zugleich zog er Kette und Ring hervor und übergab beides den Männern.

„Beim Bart des Propheten, er ist's, es ist *mein* Ring!“ rief der hohe, schöne Mann. „Großwesir" laß uns ihn umarmen; denn hier steht unser Retter!“

Said war es wie ein Traum, als diese zwei ihn umschlangen, aber alsobald warf er sich nieder und sprach: „Verzeihe, Beherrscher der Gläubigen, daß ich so vor dir gesprochen habe; denn du bist kein anderer als Harun Al-Raschid, der große Kalif von Bagdad.“

„Der bin ich und dein Freund!“ antwortete Harun, „und von dieser Stunde an sollen sich alle deine trüben Schicksale wenden. Folge mir nach Bagdad, bleibe in meiner Umgebung und sei einer meiner vertrautesten Beamten; denn wahrlich, du hast in jener Nacht gezeigt, daß dir Harun nicht gleichgültig sei, und nicht jeden meiner treuesten Diener möchte ich auf gleiche Probe stellen!“

Said dankte dem Kalifen; er versprach ihm, auf immer bei ihm zu bleiben, wenn er zuvor eine Reise zu seinem Vater, der in großen Sorgen um ihn sein müsse, gemacht haben werde, und der Kalif fand dies gerecht und billig. Sie setzten sich bald zu Pferd und kamen noch vor Sonnenuntergang in Bagdad an. Der Kalif ließ Said eine lange Reihe prachtvoll geschmückter Zimmer in seinem Palast anweisen und versprach ihm noch überdies, ein eigenes Haus für ihn erbauen zu lassen.

Auf die erste Kunde von diesem Ereignis eilten die alten Waffenbrüder Saids, der Bruder des Kalifen und der Sohn des Großwesirs, herbei; sie umarmten ihn als Retter dieser teuren Männer und baten ihn, er möchte ihr Freund werden. Aber sprachlos wurden sie vor Erstaunen, als er sagte: „Euer Freund bin ich längst“, als er die Kette, die er als Kampfpreis erhalten, hervorzog und sie an dieses und jenes erinnerte. Sie hatten ihn immer nur schwärzlichbraun und mit langem Bart gesehen, und erst, als er erzählte, wie und warum er sich entstellt habe, als er zu seiner Rechtfertigung stumpfe Waffen herbeibringen ließ, mit ihnen focht und ihnen den Beweis gab, daß er Almansor der Tapfere sei, erst dann umarmten sie ihn mit Jubel von neuem und priesen sich glücklich, einen solchen Freund zu haben.

Den folgenden Tag, als eben Said mit dem Großwesir bei Harun saß, trat Messour, der Oberkämmerer, herein und sprach: „Beherrscher der Gläubigen, so es anders sein kann, möchte ich dich um eine Gnade bitten.“

„Ich will zuvor hören“, antwortete Harun.

„Draußen steht mein lieber leiblicher Vetter Kalum-Beck, ein berühmter Kaufmann auf dem Basar“, sprach er, „der hat einen sonderbaren Handel mit einem Mann aus Balsora, dessen Sohn bei

Kalum-Beck diente, nachher gestohlen hat, dann entlaufen ist, und niemand weiß, wohin. Nun will aber der Vater seinen Sohn von Kalum haben, und dieser hat ihn doch nicht. Er wünscht daher und bittet um die Gnade, du möchtest kraft deiner großen Erleuchtung und Weisheit sprechen zwischen dem Mann aus Balsora und ihm."

„Ich will richten", erwiderte der Kalif. „In einer halben Stunde möge dein Herr Vetter mit seinem Gegner in den Gerichtssaal treten!"

Als Messour dankend gegangen war, sprach Harun: „Das ist niemand anders als dein Vater, Said, und da ich nun glücklicherweise alles, wie es ist, erfahren habe, will ich richten wie Salomo. Du, Said, verbirgst dich hinter dem Vorhang meines Thrones, bis ich dich rufe, und du, Großwesir, läßt mir sogleich den schlechten und voreiligen Polizeirichter holen; ich werde ihn im Verhör brauchen."

Sie taten beide, wie er befohlen. Saids Herz pochte stärker, als er seinen Vater bleich und abgehärmt, mit wankenden Schritten in den Gerichtssaal treten sah, und Kalum-Becks feines, zuversichtiges Lächeln, womit er zu seinem Vetter Oberkämmerer flüsterte, machte ihn so grimmig, daß er gerne hinter dem Vorhang hervor auf ihn losgestürzt wäre. Denn seine größten Leiden und Kümmernisse hatte er diesem schlechten Menschen zu danken.

Es waren viele Menschen im Saal, die den Kalifen Recht sprechen hören wollten. Der Großwesir gebot, nachdem der Herrscher von Bagdad auf seinem Thron Platz genommen hatte, Stille und fragte, wer hier als Kläger vor seinem Herrn erscheine.

Kalum-Beck trat mit frecher Stimme vor und sprach: „Vor einigen Tagen stand ich unter der Türe meines Gewölbes im Basar, als ein Ausrufer, einen Beutel in der Hand und diesen Mann hier neben sich, durch die Buden schritt und rief: "Einen Beutel Gold dem, der Auskunft geben kann über Said aus Balsora. " Dieser Said war in meinen Diensten gewesen, und ich rief daher: "Hierher, Freund! Ich kann den Beutel verdienen." Dieser Mann, der jetzt so feindlich gegen mich ist, kam freundlich und fragte, was ich wüßte. Ich antwortete: "Ihr seid wohl Benazar, sein Vater?" Und als er dies freudig bejahte, erzählte ich ihm, wie ich den jungen Menschen in der Wüste gefunden, gerettet und gepflegt und nach Bagdad gebracht habe. In der Freude seines Herzens schenkte er mir den Beutel. Aber hört diesen unsinnigen Menschen; wie ich ihm nun weiter erzählte, daß sein Sohn bei mir gedient habe, daß er schlechte Streiche gemacht, gestohlen habe und davongegangen sei, will er es nicht glauben, hadert schon seit einigen Tagen mit mir, fordert seinen Sohn und sein Geld zurück, und beides kann ich nicht geben, denn das Geld gebührt mir für die Nachricht, die ich ihm gab, und seinen ungeratenen Burschen kann ich nicht herbeischaffen."

Jetzt sprach auch Benazar; er schilderte seinen Sohn, wie edel und tugendhaft er sei, und daß er nie habe so schlecht sein können zu stehlen. Er forderte den Kalifen auf, streng zu untersuchen.

„Ich hoffe", sprach Harun, „du hast, wie es Pflicht ist, den Diebstahl angezeigt, Kalum-Beck?"

„Ei, freilich!" rief jener lächelnd. „Vor den Polizeirichter habe ich ihn geführt."

„Man bringe den Polizeirichter!" befahl der Kalif.

Zum allgemeinen Erstaunen erschien dieser sogleich, wie durch Zauberei herbeigebracht. Der Kalif fragte ihn, ob er sich dieses Handelns erinnere, und dieser gestand den Fall zu.

„Hast du den jungen Mann verhört, hat er den Diebstahl eingestanden?" fragte Harun.

„Nein, er war sogar so verstockt, daß er niemand als Euch selbst gestehen wollte!" erwiderte der Richter.

„Aber ich erinnere mich nicht, ihn gesehen zu haben", sagte der Kalif.

„Ei, warum auch! Da müßte ich alle Tage einen ganzen Pack solches Gesindel zu Euch schicken, die Euch sprechen wollen."

„Du weißt, daß mein Ohr für jeden offen ist", antwortete Harun, „aber wahrscheinlich waren die Beweise über den Diebstahl so klar, daß es nicht nötig war, den jungen Menschen vor mein Angesicht zu bringen. Du hattest wohl Zeugen, daß das Geld, das dir gestohlen wurde, dein gehörte, Kalum?"

„Zeugen?" fragte dieser erbleichend, „nein, Zeugen hatte ich nicht, und Ihr wisset ja, Beherrscher der Gläubigen, daß ein Goldstück aussieht wie das andere. Woher konnte ich denn Zeugen nehmen, daß *diese* hundert Stücke in meiner Kasse fehlen."

„An was erkanntest du denn, daß jene Summe gerade dir gehöre?" fragte der Kalif.

„An dem Beutel, in welchem sie war", erwiderte Kalum.

„Hast du den Beutel hier?" forschte jener weiter.

„Hier ist er", sprach der Kaufmann, zog einen Beutel hervor und reichte ihn dem Großwesir, damit er ihn dem Kalifen gebe.

Doch dieser rief mit verstelltem Erstaunen: „Beim Bart des Propheten! Der Beutel soll dein sein, du Hund? *Mir* gehörte dieser Beutel, und ich gab ihn, mit hundert Goldstücken gefüllt, einem braven jungen Mann, der mich aus einer großen Gefahr befreite."

„Kannst du darauf schwören?" fragte der Kalife.

„So gewiß, als ich einst ins Paradies kommen will", antwortete der Wesir, „denn meine Tochter hat ihn selbst verfertigt." „Ei! ei!" rief Harun, „so wurdest du also falsch berichtet, Polizeirichter? Warum hast du denn geglaubt, daß der Beutel diesem Kaufmann gehöre?"

„Er hat geschworen", antwortete der Polizeirichter furchtsam.

„So hast du falsch geschworen!" donnerte der Kalif den Kaufmann an, der erbleichend und zitternd vor ihm stand.

„Allah, Allah!" rief jener. „Ich will gewiß nichts gegen den Herrn Großwesir sagen, er ist ein glaubwürdiger Mann, aber ach, der Beutel gehörte doch mir, und der nichtswürdige Said hat ihn gestohlen. Tausend Toman wollte ich geben, wenn er jetzt zur Stelle wäre."

„Was hast du denn mit diesem Said angefangen?“ fragte der Kalif. „Sag an, wohin man schicken muß, damit er vor mir Bekenntnis ablege!“

„Ich habe ihn auf eine wüste Insel geschickt“, sprach der Polizeirichter.

„O Said! Mein Sohn, mein Sohn!“ rief der unglückliche Vater und weinte.

„So hat er also das Verbrechen bekannt?“ fragte Harun.

Der Polizeirichter erbleichte. Er rollte seine Augen hin und her, und endlich sprach er: „Wenn ich mich noch recht erinnern kann ja.“

„Du weißt es also nicht gewiß?“ fuhr der Kalif mit schrecklicher Stimme fort, „so wollen wir ihn selbst fragen. Tritt hervor, Said, und du, Kalum-Beck, zahlst vor allem tausend Goldstücke, weil er jetzt hier zur Stelle ist!“

Kalum und der Polizeirichter glaubten ein Gespenst zu sehen. Sie stürzten nieder und riefen: „Gnade! Gnade!“

Benazar, vor Freude halb ohnmächtig, eilte in die Arme seines verlorenen Sohnes. Aber mit eiserner Strenge fragte jetzt der Kalif : „Polizeirichter, hier steht Said, hat er eingestanden?“

„Nein, nein!“ heulte der Polizeirichter, „ich habe nur Kalums Zeugnis gehört, weil er ein angesehener Mann ist.“

„Habe ich dich darum als Richter über alle bestellt, daß du nur den Vornehmen hörest?“ rief Harun Al-Raschid mit edlem Zorn. „Auf zehn Jahre verbanne ich dich auf eine wüste Insel mitten im Meere, da kannst du über Gerechtigkeit nachdenken, und du, elender Mensch, der du Sterbende erweckst, nicht um sie zu retten, sondern um sie zu deinen Sklaven zu machen, du zahlst, wie schon gesagt, tausend Tomans, weil du sie versprochen, wenn Said käme, um für dich zu zeugen.“

Kalum freute sich, so wohlfeil aus dem bösen Handel zu kommen, und wollte eben dem gütigen Kalifen danken. Doch dieser fuhr fort: „Für den falschen Eid wegen der hundert Goldstücke bekommst du hundert Hiebe auf die Fußsohlen. Ferner hat Said zu wählen, ob er dein ganzes Gewölbe und dich als Lastträger nehmen will, oder ob er mit zehn Goldstücken für jeden Tag, welchen er dir diente, zufrieden ist."

„Lasset den Elenden laufen, Kalif!" rief der Jüngling, „ich will nichts, das ihm gehörte."

„Nein", antwortete Harun, „ich will, daß du entschädigt werdest. Ich wähle statt deiner die zehn Goldstücke für den Tag, und du magst berechnen, wieviel Tage du in seinen Klauen warst. Jetzt fort mit diesen Elenden!"

Sie wurden abgeführt, und der Kalif führte Benazar und Said in einen andern Saal, dort erzählte er ihm selbst seine wunderbare Rettung durch Said und wurde nur zuweilen durch das Geheul Kalum-Becks unterbrochen, dem man soeben im Hof seine hundert vollwichtigen Goldstücke auf die Fußsohlen zählte.

Der Kalif lud Benazar ein, mit Said bei ihm in Bagdad zu leben. Er sagte es zu und reiste nur noch einmal nach Hause, um sein großes Vermögen abzuholen. Said aber lebte in dem Palast, den ihm der dankbare Kalif erbaut hatte, wie ein Fürst. Der Bruder des Kalifen und der Sohn des Großwesirs waren seine Gesellschafter, und es war in Bagdad zum Sprichwort geworden, ich möchte so gut und so glücklich sein als Said, der Sohn Benazars.

*

„Bei solcher Unterhaltung käme mir kein Schlaf in die Augen, wenn ich auch zwei, drei und mehrere Nächte wach bleiben müßte", sagte der Zirkelschmied, als der Jäger geendigt hatte. „Und oft schon habe ich dies bewährt gefunden. So war ich in früherer Zeit als Geselle bei einem Glockengießer. Der Meister war ein reicher Mann und kein Geizhals; aber eben darum wunderten wir uns nicht wenig, als wir einmal eine große Arbeit hatten, und er, ganz gegen seine Gewohnheit, so knickerig als möglich erschien. Es wurde in die neue Kirche eine Glocke gegossen, und wir Jungen und Gesellen mußten die ganze Nacht am Herd sitzen und das

Feuer hüten. Wir glaubten nicht anders, als der Meister werde sein Mutterfäßchen anstechen und uns den besten Wein vorsetzen. Aber nicht also. Er ließ nur alle Stunden einen Umtrank tun und fing an, von seiner Wanderschaft, von seinem Leben allerlei Geschichten zu erzählen; dann kam es an den Obergesellen, und so nach der Reihe, und keiner von uns wurde schläfrig, denn begierig horchten wir alle zu. Ehe wir uns dessen versahen, war es Tag. Da erkannten wir die List des Meisters, daß er uns durch Reden habe wach halten wollen. Denn als die Glocke fertig war, schonte er seinen Wein nicht und holte ein, was er weislich in jener Nacht versäumte."

„Das ist ein vernünftiger Mann", erwiderte der Student, „gegen den Schlaf, das ist gewiß, hilft nichts als Reden. Darum möchte ich diese Nacht nicht einsam bleiben, weil ich mich gegen elf Uhr hin des Schlafes nicht erwehren könnte."

„Das haben auch die Bauersleute wohlbedacht", sagte der Jäger, „wenn die Frauen und Mädchen in den langen Winterabenden bei Licht spinnen, so bleiben sie nicht einsam zu Hause, weil sie da wohl mitten unter der Arbeit einschliefen, sondern sie kommen zusammen in den sogenannten Lichtstuben, setzen sich in großer Gesellschaft zur Arbeit und erzählen."

„Ja", fiel der Fuhrmann ein, „da geht es oft recht greulich zu, daß man sich ordentlich fürchten möchte, denn sie erzählen von feurigen Geistern, die auf der Wiese gehen, von Kobolden, die nachts in den Kammern poltern, und von Gespenstern, die Menschen und Vieh ängstigen."

„Da haben sie nun freilich nicht die beste Unterhaltung", entgegnete der Student. „Mir, ich gestehe es, ist nichts so verhaßt als Gespenstergeschichten."

„Ei, da denke ich gerade das Gegenteil", rief der Zirkelschmied. „Mir ist es recht behaglich bei einer rechten Schauergeschichte. Es ist gerade wie beim Regenwetter, wenn man unter dem Dach schläft . Man hört die Tropfen tick, tack, tick, tack auf die Ziegel herunterrauschen und fühlt sich recht warm im Trockenen. So, wenn man bei Licht und in Gesellschaft von Gespenstern hört, fühlt man sich sicher und behaglich."

„Aber nachher?“ sagte der Student. „Wenn einer zugehört hat, der dem lächerlichen Glauben an Gespenster ergeben ist, wird er sich nicht grauen, wenn er allein ist und im Dunkeln? Wird er nicht an alles das Schauerliche denken, was er gehört? Ich kann mich noch heute über diese Gespenstergeschichten ärgern, wenn ich an meine Kindheit denke. Ich war ein munterer, aufgeweckter Junge und mochte vielleicht etwas unruhiger sein, als meiner Amme lieb war. Da wußte sie nun kein anderes Mittel, mich zum Schweigen zu bringen, als sie machte mich fürchten. Sie erzählte mir allerlei schauerliche Geschichten von Hexen und bösen Geistern, die im Hause spuken sollten, und wenn eine Katze auf dem Boden ihr Wesen trieb, flüsterte sie mir ängstlich zu: "Hörst du, Söhnchen? Jetzt geht er wieder Treppe auf, Treppe ab, der tote Mann. Er trägt seinen Kopf unter dem Arm, aber seine Augen glänzen doch wie Laternen; Krallen hat er statt der Finger, und wenn er einen im Dunkeln erwischt, dreht er ihm den Hals um."„

Die Männer lachten über diese Geschichten, aber der Student fuhr fort: „Ich war zu jung, als daß ich hätte einsehen können, dies alles sei unwahr und erfunden. Ich fürchtete mich nicht vor dem größten Jagdhund, warf jeden meiner Gespielen in den Sand; aber wenn ich ins Dunkle kam, drückte ich vor Angst die Augen zu, denn ich glaubte, jetzt werde der tote Mann heranschleichen. Es ging soweit, daß ich nicht mehr allein und ohne Licht aus der Türe gehen wollte, wenn es dunkel war, und wie manchmal hat mich mein Vater nachher gezüchtigt, als er diese Unart bemerkte. Aber lange Zeit konnte ich diese kindische Furcht nicht loswerden, und allein meine törichte Amme trug die Schuld.“

„Ja, das ist ein großer Fehler“, bemerkte der Jäger, „wenn man die kindlichen Gedanken mit solchem Aberwitz füllt. Ich kann versichern, daß ich brave, beherzte Männer gekannt habe, Jäger, die sich sonst vor drei Feinden nicht fürchteten wenn sie nachts im Wald auf Wild lauern sollten oder auf Wilddiebe, da gebrach es ihnen oft plötzlich an Mut; denn sie sahen einen Baum für ein schreckliches Gespenst, einen Busch für eine Hexe und ein paar Glühwürmer für die Augen eines Ungetüms an, das im Dunklen auf sie laure.“

„Und nicht nur für Kinder“, entgegnete der Student, „halte ich Unterhaltungen dieser Art für höchst schädlich und töricht, sondern auch für jeden; denn welcher vernünftige Mensch wird sich über das Treiben und Wesen von Dingen unterhalten, die eigentlich nur im Hirn eines Toren wirklich sind. Dort spukt es, sonst nirgends. Doch am allerschädlichsten sind diese Geschichten unter dem Landvolk. Dort glaubt man fest und unabweichlich an Torheiten dieser Art, und dieser Glaube wird in den Spinnstuben und in der Schenke genährt, wo sie sich enge zusammensetzen und mit furchtbarer Stimme die allergreulichsten Geschichten erzählen.“

„Ja, Herr!“ erwiderte der Fuhrmann. „Ihr möget nicht unrecht haben; schon manches Unglück ist durch solche Geschichten entstanden, ist ja doch sogar meine eigene Schwester dadurch elendiglich ums Leben gekommen.“

„Wie das? An solchen Geschichten?“ riefen die Männer erstaunt.

„Jawohl, an solchen Geschichten“, sprach jener weiter. „In dem Dorf, wo unser Vater wohnte, ist auch die Sitte, daß die Frauen und die Mädchen in den Winterabenden zum Spinnen sich zusammensetzen. Die jungen Burschen kommen dann auch und erzählen mancherlei. So kam es eines Abends, daß man von Gespenstern und Erscheinungen sprach, und die jungen Burschen erzählten von einem alten Krämer, der schon vor zehn Jahren gestorben sei, aber im Grab keine Ruhe finde. Jede Nacht werfe er die Erde von sich ab, steige aus dem Grab, schleiche langsam und hustend, wie er im Leben getan, nach seinem Laden und wäge dort Zucker und Kaffee ab, indem er vor sich hinmurmle:

> „Drei Vierling, drei Vierling um Mitternacht
> Haben bei Tag ein Pfund gemacht.“

Viele behaupteten, ihn gesehen zu haben, und die Mädchen und Weiber fingen an, sich zu fürchten. Meine Schwester aber, ein Mädchen von sechzehn Jahren, wollte klüger sein als die andern und sagte: "Das glaube ich alles nicht; wer einmal tot ist, kommt nicht wieder!" Sie sagte es, aber leider ohne Überzeugung; denn sie hatte sich oft schon gefürchtet. Da sagte einer von den jungen Leuten: "Wenn du dies glaubst, so wirst du dich auch nicht vor ihm fürchten; sein Grab ist nur zwei Schritte von Käthchens, die letzthin gestorben. Wage es einmal, gehe hin auf den Kirchhof, brich von Käthchens Grab eine Blume und bringe sie uns, so wollen wir glauben, daß du dich vor dem Krämer nicht fürchtest!"

Meine Schwester schämte sich, von den andern verlacht zu werden, darum sagte sie, "oh! das ist mir ein leichtes; was wollt ihr denn für eine Blume?"

"Es blüht im ganzen Dorf keine weiße Rose als dort; darum bring' uns einen Strauß von diesen", antwortete eine ihrer Freundinnen. Sie stand auf und ging, und alle Männer lobten ihren Mut; aber die Frauen schüttelten den Kopf und sagten: "Wenn es nur gut abläuft!" Meine Schwester ging dem Kirchhof zu; der Mond schien hell, und sie fing an zu schaudern, als es zwölf Uhr schlug und sie die Kirchhofpforte öffnete.

Sie stieg über manchen Grabhügel weg, den sie kannte, und ihr Herz wurde bange und immer banger, je näher sie zu Käthchens weißen Rosen und zum Grab des gespenstigen Krämers kam.

Jetzt war sie da, zitternd kniete sie nieder und knickte die Blumen ab. Da glaubte sie ganz in der Nähe ein Geräusch zu vernehmen; sie sah sich um; zwei Schritte von ihr flog die Erde von einem Grabe hinweg, und langsam richtete sich eine Gestalt daraus empor. Es war ein alter, bleicher Mann mit einer weißen Schlafmütze auf dem Kopf. Meine Schwester erschrak; sie schaute noch einmal hin, um sich zu überzeugen, ob sie recht gesehen; als aber der im Grabe mit näselnder Stimme anfing zu sprechen: "Guten Abend, Jungfer; woher so spät?" da erfaßte sie ein Grauen des Todes; sie raffte sich auf, sprang über die Gräber hin nach jenem Hause, erzählte beinahe atemlos, was sie gesehen, und wurde so schwach, daß man sie nach Hause tragen mußte. Was nützte es uns, daß wir am andern Tage erfuhren, daß es der Totengräber gewesen sei, der dort ein Grab gemacht und zu meiner armen Schwester gesprochen habe? Sie verfiel, noch ehe sie dies erfahren konnte, in ein hitziges Fieber, an welchem sie nach drei Tagen starb. Die Rosen zu ihrem Totenkranz hatte sie sich selbst gebrochen.“

Der Fuhrmann schwieg, und eine Träne hing in seinen Augen, die andern aber sahen teilnehmend auf ihn.

„So hat das arme Kind auch an diesem Köhlerglauben sterben müssen“, sagte der junge Goldarbeiter, „mir fällt da eine Sage bei, die ich euch wohl erzählen möchte und die leider mit einem solchen Trauerfall zusammenhängt“: Die Höhle von Steenfoll

*

Die Höhle von Steenfoll

Eine schottländische Sage

Auf einer der Felseninseln Schottlands lebten vor vielen Jahren zwei Fischer in glücklicher Eintracht. Sie waren beide unverheiratet, hatten auch sonst keine Angehörigen, und ihre gemeinsame Arbeit, obgleich verschieden angewendet, nährte sie beide. Im Alter kamen sie einander ziemlich nahe, aber von Person und an Gemütsart glichen sie einander nicht mehr als ein Adler und ein Seekalb.

Kaspar Strumpf war ein kurzer, dicker Mensch mit einem breiten, fetten Vollmondsgesicht und gutmütig lachenden Augen, denen Gram und Sorge fremd zu sein schienen. Er war nicht nur fett, sondern auch schläfrig und faul, und ihm fielen daher die Arbeiten des Hauses, Kochen und Backen, das Stricken der Netze zum eigenen Fischfang und zum Verkaufe, auch ein großer Teil der Bestellung ihres kleinen Feldes anheim. Ganz das Gegenteil war sein Gefährte; lang und hager, mit kühner Habichtsnase und scharfen Augen, war er als der tätigste und glücklichste Fischer, der unternehmendste Kletterer nach Vögeln und Daunen, der fleißigste Feldarbeiter auf den Inseln und dabei als der geldgierigste Händler auf dem Markte zu Kirchwall bekannt; aber da seine Waren gut und sein Wandel frei von Betrug war, so handelte jeder gern mit ihm, und Wilm

Falke (so nannten ihn seine Landsleute) und Kaspar Strumpf, mit welchem ersterer trotz seiner Habsucht gerne seinen schwer errungenen Gewinn teilte, hatten nicht nur eine gute Nahrung, sondern waren auch auf gutem Wege, einen gewissen Grad von Wohlhabenheit zu erlangen. Aber Wohlhabenheit allein war es nicht, was Falkes habsüchtigem Gemüte zusagte; er wollte reich, sehr reich werden, und da er bald einsehen lernte, daß auf dem gewöhnlichen Wege des Fleißes das Reichwerden nicht sehr schnell vor sich ging, so verfiel er zuletzt auf den Gedanken, er müßte seinen Reichtum durch irgendeinen außerordentlichen Glückszufall erlangen, und da nun dieser Gedanke einmal von seinem heftig wallenden Geiste Besitz genommen, fand er für nichts anderes Raum darin, und er fing an, mit Kaspar Strumpf davon als von einer gewissen Sache zu reden. Dieser, dem alles, was Falke sagte, für Evangelium galt, erzählte es seinen Nachbarn, und bald verbreitete sich das Gerücht, Wilm Falke hätte sich entweder wirklich dem Bösen für Gold verschrieben, oder hätte doch ein Anerbieten dazu von dem Fürsten der Unterwelt bekommen.

Anfangs zwar verlachte Falke diese Gerüchte, aber allmählich gefiel er sich in dem Gedanken, daß irgendein Geist ihm einmal einen Schatz verraten könne, und er widersprach nicht länger, wenn ihn seine Landsleute damit aufzogen. Er trieb zwar noch immer sein Geschäft fort, aber mit weniger Eifer, und verlor oft einen großen Teil der Zeit, die er sonst mit Fischfang oder andern nützlichen Arbeiten zuzubringen pflegte, in zwecklosem Suchen irgendeines Abenteuers, wodurch er plötzlich reich werden sollte. Auch wollte es sein Unglück, daß, als er eines Tages am einsamen Ufer stand und in unbestimmter Hoffnung auf das bewegte Meer hinausblickte, als solle ihm von dorther sein großes Glück kommen, eine große Welle unter einer Menge losgerissenen Mooses und Gesteins eine gelbe Kugel eine Kugel von Gold zu seinen Füßen rollte.

Wilm stand wie bezaubert; so waren denn seine Hoffnungen nicht leere Träume gewesen, das Meer hatte ihm Gold, schönes, reines Gold geschenkt, wahrscheinlich die Überreste eines schweren Barrens, welchen die Wellen auf dem Meeresgrund bis zur Größe einer Flintenkugel abgerieben. Und nun stand es klar vor seiner Seele, daß einmal irgendwo an dieser Küste ein reich beladenes Schiff gescheitert sein müsse, und daß er dazu ersehen sei, die im Schoße des Meeres begrabenen Schätze zu heben. Dies ward von nun an sein einziges Streben: Seinen Fund sorgfältig, selbst vor seinem Freunde verbergend, damit nicht auch andere seiner Entdeckung auf die Spur kämen, versäumte er alles andere und brachte Tage und Nächte an dieser Küste zu, wo er nicht sein Netz nach Fischen, sondern eine eigens dazu verfertigte Schaufel nach Gold auswarf. Aber er fand nichts als Armut, denn er selbst verdiente nichts mehr, und Kaspars schläfrige Bemühungen reichten nicht hin, sie beide zu ernähren. Im Suchen größerer Schätze verschwand nicht nur das gefundene Gold, sondern allmählich auch das ganze Eigentum der Junggesellen. Aber so wie Strumpf früher stillschweigend von Falke den besten Teil seiner Nahrung hatte erwerben lassen, so ertrug er es auch jetzt schweigend und ohne Murren, daß die zwecklose Tätigkeit desselben sie ihm jetzt entzog; und gerade dieses sanftmütige Dulden seines Freundes war es, was jenen nur noch stärker anspornte, sein rastloses Suchen nach Reichtum weiter fortzusetzen. Was ihn aber noch tätiger machte, war, daß, so oft er sich zur Ruhe niederlegte und seine Augen sich zum Schlummer schlossen, etwas ihm ein Wort ins Ohr raunte, das er zwar sehr deutlich zu vernehmen glaubte und das ihm jedesmal dasselbe schien, das er aber niemals behalten konnte. Zwar wußte er nicht, was dieser Umstand, so sonderbar er auch war, mit seinem jetzigen Streben zu tun haben könne; aber auf ein Gemüt wie Wilm Falkes mußte alles wirken, und auch dieses geheimnisvolle Flüstern half ihn in dem Glauben bestärken, daß ihm ein großes Glück bestimmt sei, das er nur in einem Goldhaufen zu finden hoffte.

Eines Tages überraschte ihn ein Sturm am Ufer, wo er den Goldbarren gefunden hatte, und die Heftigkeit desselben trieb ihn an, in einer nahen Höhle zuflucht zu suchen. Diese Höhle, welche die Einwohner die Höhle von Steenfoll nennen, besteht aus einem langen unterirdischen Gange, weicher sich mit zwei Mündungen gegen das Meer öffnet und den Wellen einen freien Durchgang läßt, die sich beständig mit lautem Brüllen schäumend durch denselben hinarbeiten. Diese Höhle war nur an einer Stelle zugänglich, und zwar durch eine Spalte von oben her, welche aber selten von jemand anderem als mutwilligen Knaben betreten ward, indem zu den eigenen Gefahren des Ortes sich noch der Ruf eines Geisterspuks gesellte. Mit Mühe ließ Wilm sich in denselben hinab und nahm ungefähr zwölf Fuß tief von der Oberfläche auf einem vorspringenden Stein und unter einem überhängenden Felsenstück Platz, wo er mit den brausenden Wellen unter seinen Füßen und dem wütenden Sturm über seinem Haupte in seinen gewöhnlichen Gedankenzug verfiel, nämlich von dem gescheiterten Schiff, und was für ein Schiff es wohl gewesen sein mochte; denn trotz aller seiner Erkundigungen hatte er selbst von den ältesten Einwohnern von keinem an dieser Stelle gescheiterten Fahrzeuge Nachricht erhalten können. Wie lange er so gesessen, wußte er selbst nicht; als er aber endlich aus seinen Träumereien erwachte, entdeckte er, daß der Sturm vorüber war; und er wollte eben wieder emporsteigen, als eine Stimme sich aus der Tiefe vernehmen ließ und das Wort Car-mil-han ganz deutlich in sein Ohr drang. Erschrocken fuhr er in die Höhe und blickte in den leeren Abgrund hinab. „Großer Gott!“ schrie er, „das ist das Wort, das mich in meinem Schlafe verfolgt! Was, um Himmels willen, mag es bedeuten?“

„Carmilhan!“ seufzte es noch einmal aus der Höhle herauf, als er schon mit einem Fuß die Spalte verlassen hatte, und er floh wie ein gescheuchtes Reh seiner Hütte zu.

Wilm war indessen keine Memme; die Sache war ihm nur unerwartet gekommen, und sein Geldgeiz war auch überdies zu mächtig in ihm, als daß ihn irgendein Anschein von Gefahr hätte abschrecken können, auf seinem gefahrvollen Pfade fortzuwandern. Einst, als er spät in der Nacht beim Mondschein der Höhle von Steenfoll gegenüber mit seiner Schaufel nach Schätzen fischte, blieb dieselbe auf einmal an etwas hängen. Er zog aus Leibeskräften, aber die Masse blieb unbeweglich. Inzwischen erhob sich der Wind, dunkle Wolken überzogen den Himmel, heftig schaukelte das Boot und drohte umzuschlagen; aber Wilm ließ sich nichts irren; er zog und zog, bis der Widerstand aufhörte, und da er kein Gewicht fühlte, glaubte er, sein Seil wäre gebrochen. Aber gerade, als die Wolken sich über dem Monde zusammenziehen wollten, erschien eine runde schwarze Masse auf der Oberfläche, und es erklang das ihn verfolgende Wort Carmilhan! Hastig wollte er nach ihr greifen, aber ebenso schnell, als er den Arm danach ausstreckte, verschwand sie in der Dunkelheit der Nacht, und der eben losbrechende Sturm zwang ihn, unter den nahen Felsen Zuflucht zu suchen. Hier schlief er vor Ermüdung ein, um im Schlafe, von einer ungezügelten Einbildungskraft gepeinigt, aufs neue die Qualen zu erdulden, die ihn sein rastloses Streben nach Reichtum am Tage erleiden ließ. Die ersten Strahlen der aufgehenden Sonne fielen auf den jetzt ruhigen Spiegel des Meeres, als Falke erwachte. Eben wollte er wieder hinaus an die gewohnte Arbeit, als er von ferne etwas auf sich zukommen sah. Er erkannte es bald für ein Boot und in demselben eine menschliche Gestalt; was aber sein größtes Erstaunen erregte, war, daß das Fahrzeug sich ohne Segel oder Ruder fortbewegte, und zwar mit dem Schnabel gegen das Ufer gekehrt, und ohne daß die darin sitzende Gestalt sich im geringsten um das Steuer zu bekümmern schien, wenn es ja eins hatte. Das Boot kam immer näher und hielt endlich neben Wilms Fahrzeug stille. Die Person in demselben zeigte sich jetzt als ein kleines, verschrumpftes, altes Männchen, das in gelbe Leinwand gekleidet war und mit roter, in die Höhe stehender Nachtmütze, mit geschlossenen Augen und unbeweglich wie ein getrockneter Leichnam dasaß. Nachdem er es vergebens angerufen und gestoßen hatte, wollte er eben einen Strick an dem Boot befestigen und es wegfuhren, als das Männchen die Augen aufschlug und sich zu bewegen anfing auf eine Weise, welche selbst den kühnen Fischer mit Grausen erfüllte.

„Wo bin ich?“ fragte es nach einem tiefen Seufzer auf holländisch. Falke, welcher von den holländischen Heringsfängern etwas von ihrer Sprache gelernt hatte, nannte ihm den Namen der Insel und fragte, wer er denn sei und was ihn hierhergebracht.

„Ich komme, um nach der Carmilhan zu sehen.“

„Der Carmilhan? Um Gottes willen! Was ist das?“ rief der begierige Fischer.

„Ich gebe keine Antwort auf Fragen, die man mir auf diese Weise tut“, erwiderte das Männchen mit sichtbarer Angst.

„Nun“, schrie Falke, „was ist die Carmilhan?“

„Die Carmilhan ist jetzt nichts, aber einst war sie ein schönes Schiff, mit mehr Gold beladen, als je ein anderes Fahrzeug getragen.“

„Wo ging es zugrunde und wann?“

„Es war vor hundert Jahren; wo, weiß ich nicht genau; ich komme, um die Stelle aufzusuchen und das verlorene Gold aufzufischen; willst du mir helfen, so wollen wir den Fund miteinander teilen.“

„Mit ganzem Herzen; sag' mir nur, was muß ich tun?“

„Was du tun mußt, erfordert Mut; du mußt dich gerade vor Mitternacht in die wildeste und einsamste Gegend auf der Insel begeben, begleitet von einer Kuh, die du dort schlachten und dich von jemand in ihre frische Haut wickeln lassen mußt. Dein Begleiter muß dich dann niederlegen und allein lassen, und ehe es ein Uhr schlägt, weißt du, wo die Schätze der Carmilhan liegen.“

„Auf diese Weise fiel des alten Engrol Sohn mit Leib und Seele ins Verderben!“ rief Wilm mit Entsetzen. „Du bist der böse Geist“, fuhr er fort, indem er hastig davonruderte, „geh zur Hölle! Ich mag nichts mit dir zu tun haben.“

Das Männchen knirschte, schimpfte und fluchte ihm nach; aber der Fischer, welcher zu beiden Rudern gegriffen hatte, war ihm bald außer Gehör und, nachdem er um einen Felsen gebogen, auch aus dem Gesichte. Aber die Entdeckung, daß der böse Geist sich seinen Geiz zunutze zu machen und mit Gold in seine Schlingen zu locken suchte, heilte den verblendeten Fischer nicht, im Gegenteil, er meinte die Mitteilung des gelben Männchens benützen zu können, ohne sich dem Bösen zu überliefern, und indem er fortfuhr, an der öden Küste nach Gold zu fischen, vernachlässigte er den Wohlstand, den ihm die reichen Fischzüge in andern Gegenden des Meeres darboten, sowie alle andern Mittel, auf die er ehemals seinen Fleiß verwendet, und versank von Tag zu Tage nebst seinem Gefährten in tiefere Armut, bis es endlich oft an den notwendigsten Lebensbedürfnissen zu fehlen anfing. Aber obgleich dieser Verfall gänzlich Falkes Halsstarrigkeit und falscher Begierde zugeschrieben werden mußte und die Ernährung beider jetzt Kaspar Strumpf allein anheimfiel, so machte ihm doch dieser niemals den geringsten Vorwurf; ja, er bezeugte ihm immer noch dieselbe Unterwürfigkeit, dasselbe Vertrauen in seinen besseren Verstand als zur Zeit, wo ihm seine Unternehmungen allezeit geglückt waren; dieser Umstand vermehrte Falkes Leiden um ein Großes, aber trieb ihn noch mehr, nach Gold zu suchen, weil er dadurch hoffte, auch seinen Freund für sein gegenwärtiges Entbehren schadlos halten zu können. Dabei verfolgte ihn das teuflische Geflüster des Wortes Carmilhan noch immer in seinem Schlummer. Kurz, Not, getäuschte Erwartung und Geiz trieben ihn zuletzt zu einer Art von Wahnsinn, so daß er wirklich beschloß, das zu tun, was ihm das Männchen angeraten, obgleich er nach der alten Sage wohl wußte, daß er sich damit den Mächten der Finsternis übergab.

Alle Gegenvorstellungen Kaspars waren vergebens. Falke ward nur um so heftiger, je mehr jener ihn anflehte, von seinem verzweifelten Vorhaben abzustehen, und der gute, schwache Mensch willigte endlich ein, ihn zu begleiten und ihm seinen Plan ausfahren zu helfen. Beider Herzen zogen sich schmerzhaft zusammen, als sie einen Strick um die Hörner einer schönen Kuh, ihr letztes Eigentum, legten, die sie vom Kalbe aufgezogen und die sie sich immer zu verkaufen geweigert hatten, weil sie's nicht übers Herz bringen konnten, sie in fremden Händen zu sehen. Aber der böse Geist, welcher sich Wilms bemeisterte, erstickte jetzt alle besseren Gefühle in ihm, und Kaspar wußte ihm in nichts zu widerstehen. Es war im September, und die langen Nächte des schottländischen Winters hatten angefangen. Die Nachtwolken wälzten sich schwer vor dem rauhen Abendwinde und türmten sich wie Eisberge im Maelstrom; tiefer Schatten füllte die Schluchten zwischen dem Gebirge und den feuchten Torfsümpfen, und die trüben Bette der Ströme blickten schwarz und furchtbar wie Höllenschlünde. Falke ging voran, und Strumpf folgte, schaudernd über seine eigene Kühnheit, und Tränen füllten sein mattes

Auge, so oft er das arme Tier ansah, welches so vertrauensvoll und bewußtlos seinem baldigen Tode entgegenging, der ihm von der Hand werden sollte, die ihm bisher seine Nahrung gereicht. Mit Mühe kamen sie in das enge, sumpfige Bergtal, welches hier und da mit Moos und Heidekraut bewachsen, mit großen Steinen übersät war und von einer wilden Gebirgskette umgeben lag, die sich in grauen Nebel verlor und wohin der Fuß eines Menschen sich selten verstieg. Sie näherten sich auf wankendem Boden einem großen Stein, welcher in der Mitte stand und von welchem ein verscheuchter Adler krächzend in die Höhe flog. Die arme Kuh brüllte dumpf, als erkenne sie die Schrecknisse des Ortes und ihr bevorstehendes Schicksal. Kaspar wandte sich weg, um sich die schnellfließenden Tränen abzuwischen. Er blickte hinab durch die Felsenöffnung, durch welche sie heraufgekommen waren, von wo aus man die ferne Brandung des Meeres hörte, und dann hinauf nach den Berggipfeln, auf welche sich ein kohlschwarzes Gewölk gelagert hatte, aus welchem man von Zeit zu Zeit ein dumpfes Murmeln vernahm. Als er sich wieder nach Wilm umsah, hatte dieser bereits die arme Kuh an den Stein gebunden und stand mit aufgehobener Axt im Begriff, das gute Tier zu fällen.

Dies war zuviel für seinen Entschluß, sich in den Willen seines Freundes zu fügen. Mit gesungenen Händen stürzte er sich auf die Knie. „Um Gottes willen, Wilm Falke!“ schrie er mit der Stimme der Verzweiflung, „schone dich, schone die Kuh! Schone dich und mich! Schone deine Seele! Schone dein Leben! Und mußt du Gott so versuchen, so warte bis morgen und opfere lieber ein anderes Tier als unsere liebe Kuh.“

„Kaspar, bist du toll?“ schrie Wilm wie ein Wahnsinniger, indem er noch immer die Axt in die Höhe geschwungen hielt. „Soll ich die Kuh schonen und verhungern?“

„Du sollst nicht verhungern“, antwortete Kaspar entschlossen. „Solange ich Hände habe, sollst du nicht verhungern. Ich will vom Morgen bis in die Nacht für dich arbeiten. Nur bring' ich nicht um deiner Seele Seligkeit und laß mir das arme Tier leben!“

„Dann nimm die Axt und spalte mir den Kopf“, schrie Falke mit verzweifeltem Tone, „ich gehe nicht von diesem Fleck, bis ich habe, was ich verlange. Kannst du die Schätze der Carmilhan für mich heben? Können deine Hände mehr erwerben als die elendesten Bedürfnisse des Lebens? Aber sie können meinen Jammer enden komm und laß mich das Opfer sein!“

„Wilm, töte die Kuh, töte mich! Es liegt mir nichts daran, es ist mir ja nur um deine Seligkeit zu tun. Ach, dies ist ja der Piktenaltar, und das Opfer, das du bringen willst, gehört der Finsternis.“

„Ich weiß von nichts dergleichen“, rief Falke, wild lachend wie einer, der entschlossen ist, nichts wissen zu wollen, was ihn von seinem Vorsatz abbringen könnte. „Kaspar, du bist toll und machst mich toll aber da“, fuhr er fort, indem er das Beil von sich warf und das Messer vom Steine aufnahm, wie wenn er sich durchstoßen wollte, „da, behalte die Kuh statt meiner!“

Kaspar war in einem Augenblicke bei ihm, riß ihm das Mordwerkzeug aus der Hand, erfaßte das Beil, schwang es hoch in der Luft und ließ es mit solcher Gewalt auf des geliebten Tieres Kopf fallen, daß es ohne zu zucken und tot zu seines Herrn Füßen niederstürzte.

Ein Blitz, begleitet von einem Donnerschlage, folgte dieser raschen Handlung, und Falke starrte seinen Freund mit den Augen an, womit ein Mann ein Kind anstaunen würde, das sich das zu tun getrauet, was er selbst nicht gewagt. Strumpf schien aber weder von dem Donner erschreckt, noch durch das starre Erstaunen seines Gefährten außer Fassung gebracht, sondern fiel, ohne ein Wort zu reden, über die Kuh her und fing an, ihr die Haut abzuziehen. Als Wilm sich ein wenig erholt hatte, half er ihm in diesem Geschäfte, aber mit so sichtbarem Widerwillen, als er vorher begierig gewesen war, das Opfer vollendet zu sehen. Während dieser Arbeit hatte sich das Gewitter zusammengezogen, der Donner brüllte laut im Gebirge, und furchtbare Blitze schlängelten sich um den Stein und über das Moos der Schlucht hin, während der Wind, welcher diese Höhe noch nicht erreicht hatte, die untern Täler und das Gestade mit wildem Heulen erfüllte. Und als die Haut endlich abgezogen war, fanden beide Fischer sich schon bis auf die Haut durchnäßt. Sie breiteten jene auf dem Boden aus, und Kaspar wickelte und band Falken, so wie dieser es ihn geheißen, in derselben fest ein. Dann erst, als dies geschehen war, brach der arme Mensch das lange Stillschweigen, und indem er mitleidig auf seinen betörten Freund hinabblickte, fragte er mit zitternder Stimme: „Kann ich noch etwas für dich tun, Wilm?“

„Nichts mehr“, erwiderte der andere, „lebe wohl!“

„Leb' wohl“, erwiderte Kaspar, „Gott sei mit dir und vergebe dir, wie ich es tue!“

Dies waren die letzten Worte, welche Wilm von ihm hörte; denn im nächsten Augenblicke war er in der immer zunehmenden Dunkelheit verschwunden. Und in demselben Augenblicke brach auch einer der fürchterlichsten Gewitterstürme, die Wilm nur je gehört hatte, aus. Er fing an mit einem Blitze, welcher Falken nicht nur die Berge und Felsen in seiner unmittelbaren Nähe, sondern auch das Tal unter ihm mit dem schäumenden Meere und den in der Bucht zerstreut liegenden Felseninseln zeigte, zwischen welchen er die Erscheinung eines großen, fremdartigen und entmasteten Schiffes zu erblicken glaubte, welches auch im Augenblicke wieder in der schwärzesten Dunkelheit verschwand. Die Donnerschläge wurden ganz betäubend. Eine Masse Felsenstücke rollte vom Gebirge herab und drohte, ihn zu erschlagen. Der Regen ergoß sich in solcher Menge, daß er in einem Augenblicke das enge Sumpftal mit einer hohen Flut überströmte, welche bald bis zu Wilms Schultern hinaufreichte; denn glücklicherweise hatte ihn Kaspar mit dem obern Teile des Körpers auf eine Erhöhung gelegt, sonst hätte er auf einmal ertrinken müssen. Das Wasser stieg immer höher, und je mehr Wilm sich anstrengte, sich aus seiner gefahrvollen Lage zu befreien, desto fester umgab ihn die Haut. Umsonst rief er nach Kaspar. Kaspar war weit weg. Gott in seiner Not anzurufen, wagte er nicht, und ein Schauder ergriff ihn, wenn er die Mächte anflehen wollte, deren Gewalt er sich hingegeben fühlte.

Schon drang ihm das Wasser in die Ohren, schon berührte es den Rand der Lippen. „Gott, ich bin verloren!" schrie er, indem er einen Strom über sein Gesicht hinstürzen fühlte aber in demselben Augenblick drang ein Schall wie von einem nahen Wasserfall schwach in sein Gehör, und sogleich war auch sein Mund wieder unbedeckt. Die Flut hatte sich durch das Gestein Bahn gebrochen; und da zu gleicher Zeit der Regen etwas nachließ und das tiefe Dunkel des Himmels sich etwas verzog, so ließ auch seine Verzweiflung nach, und es schien ihm ein Strahl der Hoffnung zurückzukehren. Aber obgleich er sich wie von einem Todeskampfe erschöpft fühlte und sehnlich wünschte, aus seiner Gefangenschaft erlöst zu sein, so war doch der Zweck seines verzweifelten Strebens noch nicht erreicht, und mit der verschwundenen unmittelbaren Lebensgefahr kam auch die Habsucht mit all ihren Furien in seine Brust zurück. Aber überzeugt, daß er in seiner Lage ausharren müsse, um sein Ziel zu erreichen, hielt er sich ruhig und fiel vor Kälte und Ermüdung in einen festen Schlaf.

Er mochte ungefähr zwei Stunden geschlafen haben, als ihn ein kalter Wind, der ihm übers Gesicht fuhr, und ein Rauschen wie von herannahenden Meereswogen aus seiner glücklichen Selbstvergessenheit aufrüttelten. Der Himmel hatte sich aufs neue verfinstert. Ein Blitz wie der, welcher den ersten Sturm herbeigeführt, erhellte noch einmal die Gegend umher, und er glaubte abermals, das fremde Schiff zu erblicken, das jetzt dicht vor der Steenfollklippe auf einer hohen Welle zu hängen und dann jählings in den Abgrund zu schießen schien. Er starrte noch immer nach dem Phantom; denn ein unaufhörliches Blitzen hielt jetzt das Meer erleuchtet, als sich auf einmal eine berghohe Wasserhose aus dem Tale erhob und ihn mit solcher Gewalt gegen einen Felsen schleuderte, daß ihm alle Sinne vergingen. Als er wieder zu sich selbst kam, hatte sich das Wetter verzogen, der Himmel war heiter; aber das Wetterleuchten dauerte noch immer fort. Er lag dicht am Fuße des Gebirges, welches dieses Tal umschloß, und er fühlte sich so zerschlagen, daß er sich kaum zu rühren vermochte. Er hörte das stillere Brausen der Brandung und mitten drinnen eine feierliche Musik wie Kirchengesang. Diese Töne waren anfangs so schwach, daß er sie für Täuschung hielt. Aber sie ließen sich immer wieder aufs neue vernehmen, und jedesmal deutlicher und näher, und es schien ihm zuletzt, als könne er darin die Melodie eines Psalms unterscheiden, die er im vorigen Sommer an Bord eines holländischen Heringsfängers gehört hatte.

Endlich unterschied er sogar Stimmen, und es deuchte ihn, als vernehme er sogar die Worte jenes Liedes; die Stimmen waren jetzt in dem Tale, und als er sich mit Mühe zu einem Steine hingeschoben, auf den er den Kopf legte, erblickte er wirklich einen Zug von menschlichen Gestalten, von welchem diese Musik ausging und der sich gerade auf ihn zu bewegte. Kummer und Angst lagen auf den Gesichtern der Leute, deren Kleider von Wasser zu triefen schienen. Jetzt waren sie dicht bei ihm, und ihr Gesang schwieg. An ihrer Spitze waren mehrere Musikanten, dann mehrere Seeleute, und hinter diesen kam ein großer, starker Mann in altväterlicher, reich mit Gold besetzter Tracht, mit einem Schwert an der Seite und einem langen, dicken, spanischen Rohr mit goldenem Knopfe in der Hand. Ihm zur Seite ging ein Negerknabe, welcher seinem Herrn von Zeit zu Zeit eine lange Pfeife reichte, aus der er einige feierliche Züge tat und dann weiterschritt. Er blieb kerzengerade vor Wilm stehen, und ihm zu beiden Seiten stellten sich andere minder prächtig gekleidete Männer, welche alle Pfeifen in den Händen hatten, die aber nicht so kostbar schienen als die Pfeife, welche dem dicken Manne nachgetragen wurde. Hinter diesen traten andere Personen auf, worunter mehrere Frauenspersonen, von denen einige Kinder in den Armen oder an der Hand hatten, alle in kostbarer, aber fremdartiger Kleidung. Ein Haufen holländischer Matrosen schloß den Zug, deren jeder den Mund voll Tabak und zwischen den Zähnen ein braunes Pfeifchen hatte, das sie in düsterer Stille rauchten.

Der Fischer blickte mit Grausen auf diese sonderbare Versammlung; aber die Erwartung dessen, was da kommen werde, hielt seinen Mut aufrecht. Lange standen sie um ihn her, und der Rauch ihrer Pfeifen erhob sich wie eine Wolke über sie, zwischen welcher die Sterne hindurchblinkten. Der Kreis zog sich immer enger um Wilm her, das

Rauchen ward immer heftiger und dicker die Wolke, die aus Mund und Pfeifen hervorstieg. Falke war ein kühner, verwegener Mann; er hatte sich auf Außerordentliches vorbereitet aber als er diese unbegreifliche Menge immer näher auf sich eindringen sah, als wolle sie ihn mit ihrer Masse erdrücken, da entsank ihm der Mut, dicker Schweiß trat ihm vor die Stirne, und er glaubte, vor Angst vergehen zu müssen. Aber man denke sich erst seinen Schrecken, als er von ungefähr die Augen wandte und dicht an seinem Kopfe das gelbe Männchen steif und aufrecht sitzen sah, als wie er es zum erstenmal erblickt, nur daß es jetzt, als wie zum Spotte der ganzen Versammlung, auch eine Pfeife im Munde hatte. In der Todesangst, die ihn jetzt ergriff, rief er, zu der Hauptperson gewendet: „Im Namen dessen, dem Ihr dienet, wer seid Ihr? Und was verlangt Ihr von mir?"

Der große Mann rauchte drei Züge, feierlicher als je, gab dann die Pfeife seinem Diener und antwortete mit schreckhafter Kälte: „Ich bin Aldret Franz Van der Swelder, Befehlshaber des Schiffes Carmilhan von Amsterdam,' welches auf dem Heimwege von Batavia mit Mann und Maus an dieser Felsenküste zugrunde ging; dies sind meine Offiziere, dies meine Passagiere und jenes meine braven Seeleute, welche alle mit mir ertranken. Warum hast du uns aus unseren tiefen Wohnungen im Meere hervorgerufen? Warum störtest du unsere Ruhe?"

„Ich möchte wissen, wo die Schätze der Carmilhan liegen."

„Am Boden des Meeres."

„Wo?"

„In der Höhle von Steenfoll."

„Wie soll ich sie bekommen?"

„Eine Gans taucht in den Schlund nach einem Hering; sind die Schätze der Camaan nicht ebensoviel wert?"

„Wieviel davon werd' ich bekommen?"

„Mehr, als du je verzehren wirst." Das gelbe Männchen grinste, und die ganze Versammlung lachte laut auf. „Bist du zu Ende?" fragte der Hauptmann weiter.

„Ich bin's. Gehab dich wohl!"

„Leb' wohl, bis aufs Wiedersehen", erwiderte der Holländer und wandte sich zum Gehen, die Musikanten traten aufs neue an die Spitze, und der ganze Zug entfernte sich in derselben Ordnung, in welcher er gekommen war, und mit demselben feierlichen Gesang, welcher mit der Entfernung immer leiser und undeutlicher wurde, bis er sich nach einiger Zeit gänzlich im Geräusche der Brandung verlor. Jetzt strengte Wilm seine letzten Kräfte an, sich aus seinen Banden zu befreien, und es gelang ihm endlich, einen Arm loszubekommen, womit er die ihn umwindenden Stricke löste und sich endlich ganz aus der Haut wickelte. Ohne sich umzusehen, eilte er nach seiner Hütte und fand den armen Kaspar Strumpf in starrer Bewußtlosigkeit am Boden liegen. Mit Mühe brachte er ihn wieder zu sich selbst, und der gute Mensch weinte vor Freude, als er den verloren geglaubten Jugendfreund wieder vor sich sah. Aber dieser beglückende Strahl verschwand schnell wieder, als er von diesem vernahm, welch verzweifeltes Unternehmen er jetzt vorhatte.

„Ich wollte mich lieber in die Hölle stürzen als diese nackten Wände und dieses Elend länger ansehen. Folge mir oder nicht, ich gehe." Mit diesen Worten faßte Wilm eine Fackel, ein Feuerzeug und ein Seil und eilte davon. Kaspar eilte ihm nach, so schnell er's vermochte, und fand ihn schon auf dem Felsstück stehen, auf welchem er vormals gegen den Sturm Schutz gefunden, und bereit, sich an dem Stricke in den brausenden, schwarzen Schlund hinabzulassen. Als er fand, daß alle seine Vorstellungen nichts über den rasenden Menschen vermochten, bereitete er sich, ihm nachzusteigen; aber Falke befahl ihm, zu bleiben und den Strick zu halten. Mit furchtbarer Anstrengung, wozu nur die Mindeste Habsucht den Mut und die Stärke geben konnte, kletterte Falke in die Höhle hinab und kam endlich auf ein vorspringendes Felsenstück zu stehen, unter welchem die Wogen, schwarz und mit weißem Schaum bekräuselt, brausend dahineilten. Er blickte begierig umher und sah endlich etwas gerade unter ihm im Wasser schimmern. Er legte die Fackel nieder, stürzte sich hinab und erfaßte etwas Schweres, das er auch heraufbrachte. Es war ein eisernes Kästchen voller Goldstücke. Er verkündigte seinem Gefährten, was er gefunden, wollte aber durchaus nicht auf sein Flehen hören, sich damit zu begnügen und wieder heraufzusteigen. Falke meinte, dies wäre nur die erste Frucht seiner langen Bemühungen. Er stürzte sich noch einmal hinab es erscholl ein lautes Gelächter aus dem Meere, und Wilm Falke ward nie wieder gesehen. Kaspar ging allein nach Hause, aber als ein anderer Mensch. Die seltsamen Erschütterungen, die sein schwacher Kopf und sein empfindsames Herz erlitten, zerrütteten ihm die Sinne. Er ließ alles um sich her verfallen und wanderte Tag und Nacht gedankenlos vor sich starrend umher, von allen seinen vorigen Bekannten bedauert und gemieden. Ein Fischer will Wilm Falke in einer stürmischen Nacht mitten unter der Mannschaft der Carmilhan am Ufer erkannt haben, und in derselben Nacht verschwand auch Kaspar Strumpf.

Man suchte ihn allenthalben, allein nirgends hat man eine Spur von ihm finden können. Aber die Sage geht, daß er oft nebst Falke mitten unter der Mannschaft des Zauberschiffes gesehen worden sei, welches seitdem zu regelmäßigen Zeiten an der Höhle von Steenfoll erschien.

*

„Mitternacht ist längst vorüber“, sagte der Student, als der junge Goldarbeiter seine Erzählung geendigt hatte, „jetzt hat es wohl keine Gefahr mehr, und ich für meinen Teil bin so schläfrig, daß ich allen raten möchte, niederzuliegen und getrost einzuschlafen.“

„Vor zwei Uhr morgens möcht' ich doch nicht trauen“, entgegnete der Jäger, „das Sprichwort sagt, von elf bis zwei Uhr ist Diebes Zeit.“

„Das glaube ich auch“, bemerkte der Zirkelschmied, „denn wenn man uns etwas anhaben will, ist wohl keine Zeit gelegener als die nach Mitternacht. Darum meine ich, der Studiosus könnte an seiner Erzählung fortfahren, die er noch nicht ganz vollendet hat.“

„Ich sträube mich nicht“, sagte dieser, „obgleich unser Nachbar, der Herr Jäger, den Anfang nicht gehört hat.“

„Ich muß ihn mir hinzudenken, fanget nur an!“ rief der Jäger.

„Nun denn“, wollte eben der Student beginnen, als sie durch das Anschlagen eines Hundes unterbrochen wurden. Alle hielten den Atem an und horchten; zugleich stürzte einer der Bediensteten aus dem Zimmer der Gräfin und rief, daß wohl zehn bis zwölf bewaffnete Männer von der Seite her auf die Schenke zukämen.

Der Jäger griff nach seiner Büchse, der Student nach seiner Pistole, die Handwerksburschen nach ihren Stöcken, und der Fuhrmann zog ein langes Messer aus der Tasche. So standen sie und sahen ratlos einander an.

„Laßt uns an die Treppe gehen!“ rief der Student, „zwei oder drei dieser Schurken sollen doch zuvor ihren Tod finden, ehe wir überwältigt werden.“ Zugleich gab er dem Zirkelschmied seine zweite Pistole und riet, daß sie nur einer nach dem anderen schießen wollten. Sie stellten sich an die Treppe; der Student und der Jäger nahmen gerade ihre ganze Breite ein; seitwärts neben dem Jäger stand der mutige Zirkelschmied und beugte sich über das Geländer, indem er die Mündung seiner Pistole auf die Mitte der Treppe hielt: Der Goldarbeiter und der Fuhrmann standen hinter ihnen, bereit, wenn es zu einem Kampf Mann gegen Mann kommen sollte, das ihrige zu tun. So standen sie einige Minuten in stiller Erwartung: Endlich hörte man die Haustüre aufgehen, sie glaubten auch das Flüstern mehrerer Stimmen zu vernehmen.

Jetzt hörte man Tritte vieler Menschen der Treppe nahen; man kam die Treppe herauf, und auf der ersten Hälfte zeigten sich drei Männer, die wohl nicht auf den Empfang gefaßt waren, der ihnen bereitet war. Denn als sie sich um die Pfeiler der Treppe wandten, schrie der Jäger mit starker Stimme: „Halt! Noch einen Schritt weiter, und ihr seid des Todes. Spannet die Hahnen, Freunde, und gut gezielt!“

Die Räuber erschraken, zogen sich eilig zurück und berieten sich mit den übrigen. Nach einer Weile kam einer davon zurück und sprach: „Ihr

Herren! Es wäre Torheit von euch, umsonst euer Leben aufopfern zu wollen, denn wir sind unserer genug, um euch völlig aufzureiben; aber ziehet euch zurück, es soll keinem das Geringste zuleide geschehen; wir wollen keines Groschen Wert von euch nehmen."

„Was wollt ihr denn sonst?" rief der Student. „Meint ihr, wir werden solchem Gesindel trauen? Nimmermehr! Wollt ihr etwas holen, in Gottes Namen, so kommet, aber den ersten, der sich um die Ecke wagt, brenne ich auf die Stirne, daß er auf ewig keine Kopfschmerzen mehr haben soll!"

„Gebt uns die Dame heraus, gutwillig!" antwortete der Räuber. „Es soll ihr nichts geschehen; wir wollen sie an einen sicheren und bequemen Ort führen, ihre Leute können zurückreiten und den Herrn Grafen bitten, er möge sie mit zwanzigtausend Gulden auslösen."

„Solche Vorschläge sollen wir uns machen lassen?" entgegnete der Jäger, knirschend vor Wut, und spannte den Hahn. „Ich zähle drei, und wenn du da unten nicht bei drei hinweg bist, so drücke ich los, eins, zwei –;"

„Halt!" schrie der Räuber mit donnernder Stimme. „Ist das Sitte, auf einen wehrlosen Mann zu schießen, der mit euch friedlich unterhandelt? Törichter Bursche, du kannst mich totschießen, und dann hast du erst keine große Heldentat getan; aber hier stehen zwanzig meiner Kameraden, die mich rächen werden. Was nützt es dann deiner Frau Gräfin, wenn ihr tot oder verstümmelt auf dem Flur lieget? Glaube mir, wenn sie freiwillig mitgeht, soll sie mit Achtung behandelt werden; aber wenn du, bis ich drei zähle, nicht den Hahnen in Ruhe setzest, so soll es ihr übel ergehen. Hahnen in Ruh', eins, zwei, drei!" „Mit diesen Hunden ist nicht zu spaßen", flüsterte der Jäger, indem er den Befehl des Räubers befolgte, „wahrhaftig, an meinem Leben liegt nichts; aber wenn ich einen niederschieße, könnten sie meine Dame um so härter behandeln. Ich will die Gräfin um Rat fragen. Gebt uns", fuhr er mit lauter Stimme fort, „gebt uns eine halbe Stunde Waffenstillstand, um die Gräfin vorzubereiten; sie würde, wenn sie es so plötzlich erfährt, den Tod davon haben."

„Zugestanden", antwortete der Räuber und ließ zugleich den Ausgang der Treppe mit sechs Männern besetzen.

Bestürzt und verwirrt folgten die unglücklichen Reisenden dem Jäger in das Zimmer der Gräfin; es lag dieses so nahe, und so laut hatte man verhandelt, daß ihr kein Wort entgangen war. Sie war bleich und zitterte heftig; aber dennoch schien sie fest entschlossen, sich in ihr Schicksal zu ergeben. „Warum soll ich nutzlos das Leben so vieler braver Leute aufs Spiel setzen?“ fragte sie. „Warum euch zu einer vergeblichen Verteidigung auffordern, euch, die ihr mich gar nicht kennet? Nein, ich sehe, daß keine andere Rettung ist, als den Elenden zu folgen.“

Man war allgemein von dem Mut und dem Unglück der Dame ergriffen; der Jäger weinte und schwur, daß er diese Schmach nicht überleben könne. Der Student aber schmähte auf sich und seine Größe von sechs Fuß. „Wäre ich nur um einen halben Kopf kleiner“, rief er, „und hätte ich keinen Bart, so wüßte ich wohl, was ich zu tun hätte; ich ließe mir von der Frau Gräfin Kleider geben, und diese Elenden sollten spät genug erfahren, welchen Mißgriff sie getan.“

Auch auf Felix hatte das Unglück dieser Frau großen Eindruck gemacht. Ihr ganzes Wesen kam ihm so rührend und bekannt vor; es war ihm, als sei es seine frühe verstorbene Mutter, die sich in dieser schrecklichen Lage befände. Er fühlte sich so gehoben, so mutig, daß er gerne sein Leben für das ihrige gegeben hätte. Doch als der Student jene Worte sprach, da blitzte auf einmal ein Gedanke in seiner Seele auf; er vergaß alle Angst, alle Rücksichten, und er dachte nur an die Rettung dieser Frau. „Ist es nur dies“, sprach er, indem er schüchtern und errötend hervortrat, „gehört nur ein kleiner Körper, ein bartloses Kinn und ein mutiges Herz dazu, die gnädige Frau zu retten, so bin ich vielleicht auch nicht zu schlecht dazu; ziehet in Gottes Namen meinen Rock an, setzet meinen Hut auf Euer schönes Haar und nehmet mein Bündel auf den Rücken und ziehet als Felix, der Goldarbeiter, Eure Straße!“

Alle waren erstaunt über den Mut des Jünglings, der Jäger aber fiel ihm freudig um den Hals. „Goldjunge“, rief er, „das wolltest du tun? Wolltest dich in meiner gnädigen Frau Kleider stecken lassen und sie retten? Das hat dir Gott eingegeben; aber allein sollst du nicht gehen, ich will mich mit gefangen geben, will bei dir bleiben an deiner Seite als dein bester Freund, und solange ich lebe, sollen sie dir nichts anhaben dürfen."

„Auch ich ziehe mit dir, so wahr ich lebe!" rief der Student.

Es kostete lange Überredung, um die Gräfin zu diesem Vorschlag zu überreden. Sie konnte den Gedanken nicht ertragen, daß ein fremder Mensch für sie sich aufopfern sollte; sie dachte sich im Falle einer späteren Entdeckung die Rache der Räuber, die ganz auf den Unglücklichen fallen würde, schrecklich. Aber endlich siegten teils die Bitten des jungen Menschen, teils die Überzeugung, im Falle sie gerettet würde, alles aufbieten zu können, um ihren Retter wieder zu befreien. Sie willigte ein. Der Jäger und die übrigen Reisenden begleiteten Felix in das Zimmer des Studenten, wo er sich schnell einige Kleider der Gräfin überwarf. Der Jäger setzte ihm noch zum Überfluß einige falsche Haarlocken der Kammerfrau und einen Damenhut auf, und alle versicherten, daß man ihn nicht erkennen würde. Selbst der Zirkelschmied schwur, daß, wenn er ihm auf der Straße begegnete, er flink den Hut abziehen und nicht ahnen würde, daß er vor seinem mutigen Kameraden sein Kompliment mache.

Die Gräfin hatte sich indessen mit Hilfe ihrer Kammerfrau aus dem Ränzchen des jungen Goldarbeiters mit Kleidern versehen. Der Hut, tief in die Stirne gedrückt, der Reisestock in der Hand, das etwas leichter gewordene Bündel auf dem Rücken machten sie völlig unkenntlich, und die Reisenden würden ‚zu jeder anderen Zeit über diese komische Maskerade nicht wenig gelacht haben. Der neue Handwerksbursche dankte Felix mit Tränen und versprach die schleunigste Hilfe.

„Nur noch eine Bitte habe ich", antwortete Felix, „in diesem Ränzchen, das Sie auf dem Rücken tragen, befindet sich eine kleine Schachtel; verwahren Sie diese sorgfältig! Wenn sie verlorenginge, wäre ich auf immer und ewig unglücklich; ich muß sie meiner Pflegmutter bringen und –;"

„Gottfried, der Jäger, weiß mein Schloß", entgegnete sie, „es soll Euch alles unbeschädigt wieder zurückgestellt werden; denn ich hoffe, Ihr kommet dann selbst, edler junger Mann, um den Dank meines Gatten und den meinigen zu empfangen."

Ehe noch Felix darauf antworten konnte, ertönten von der Treppe her die rauhen Stimmen der Räuber; sie riefen, die Frist sei verflossen und alles zur Abfahrt der Gräfin bereit. Der Jäger ging zu ihnen hinab und erklärte ihnen, daß er die Dame nicht verlassen werde und lieber mit ihnen gehe, wohin es auch sei, ehe er ohne seine Gebieterin vor seinem Herrn erschiene . Auch der Student erklärte, diese Dame begleiten zu wollen. Sie beratschlagten sich über diesen Fall und gestanden es endlich zu unter der Bedingung, daß der Jäger sogleich seine Waffen abgebe. Zugleich befahlen sie, daß die übrigen Reisenden sich ruhig verhalten sollten, wenn die Gräfin hinweggeführt werde Felix ließ den Schleier nieder, der über seinen Hut gebreitet war, setzte sich in eine Ecke, die Stirne in die Hand gestützt, und in dieser Stellung eines tief Betrübten erwartete er die Räuber. Die Reisenden hatten sich in das andere Zimmer zurückgezogen, doch so, daß sie, was vorging, überschauen konnten; der Jäger saß anscheinend traurig, aber auf alles lauernd in der anderen Ecke des Zimmers, das die Gräfin bewohnt hatte. Nachdem sie einige Minuten so gesessen, ging die Türe auf, und ein schöner, stattlich gekleideter Mann von etwa sechsunddreißig Jahren trat in das Zimmer. Er trug eine Art von militärischer Uniform, einen Orden auf der Brust, einen langen Säbel an der Seite, und in der Hand hielt er einen Hut, von welchem schöne Federn herabwallten. Zwei seiner Leute hatten gleich nach seinem Eintritt die Türe besetzt.

Er ging mit einer tiefen Verbeugung auf Felix zu; er schien vor einer Dame dieses Ranges etwas in Verlegenheit zu sein, er setzte mehrere Male an, bis es ihm gelang, geordnet zu sprechen.

„Gnädige Frau", sagte er, „es gibt Fälle, in die man sich in Geduld schicken muß. Ein solcher ist der Ihrige. Glauben Sie nicht, daß ich den Respekt vor einer so ausgezeichneten Dame auch nur auf einen Augenblick aus den Augen setzen werde; Sie werden alle Bequemlichkeiten haben, Sie werden über nichts klagen können als vielleicht über den Schrecken, den Sie diesen Abend gehabt." Hier hielt er inne, als erwartete er eine Antwort; als aber Felix beharrlich schwieg, fuhr er fort: „Sehen Sie in mir keinen gemeinen Dieb, keinen Kehlenabschneider. Ich bin ein unglücklicher Mann, den widrige Verhältnisse zu diesem Leben zwangen. Wir wollen uns auf immer aus dieser Gegend entfernen; aber wir brauchen Reisegeld. Es wäre uns ein leichtes gewesen, Kaufleute oder Postwagen zu überfallen; aber dann hätten wir vielleicht mehrere Leute auf immer ins Unglück gestürzt. Der Herr Graf, Ihr Gemahl, hat vor sechs Wochen eine Erbschaft von fünfmalhunderttausend Talern gemacht. Wir erbitten uns zwanzigtausend Gulden von diesem Überfluß, gewiß eine gerechte und bescheidene Forderung. Sie werden daher die Gnade haben, jetzt sogleich einen offenen Brief an Ihren Gemahl zu schreiben, worin Sie ihm melden, daß wir Sie zurückgehalten, daß er die Zahlung so bald als möglich leisten möge, widrigenfalls –; Sie verstehen mich, wir müßten dann etwas härter mit Ihnen selbst verfahren. Die Zahlung wird nicht angenommen, wenn sie nicht unter dem Siegel der strengsten Verschwiegenheit von einem einzelnen Manne hierhergebracht wird."

Diese Szene wurde mit der gespanntesten Aufmerksamkeit von allen Gästen der Waldschenke, am ängstlichsten wohl von der Gräfin beobachtet. Sie glaubte jeden Augenblick, der Jüngling, der sich für sie geopfert, könnte sich verraten. Sie war fest entschlossen, ihn um einen großen Preis loszukaufen; aber ebenso fest stand ihr Gedanke, um keinen Preis der Welt auch nur einen Schritt weit mit den Räubern zu gehen. Sie hatte in der Rocktasche des Goldarbeiters ein Messer gefunden. Sie hielt es geöffnet krampfhaft in der Hand, bereit, sich lieber zu töten als eine solche Schmach zu erdulden. Jedoch nicht minder ängstlich war Felix selbst. Zwar stärkte und tröstete ihn der Gedanke, daß es eine männliche und würdige Tat sei, einer bedrängten, hilflosen Frau auf diese Weise beizustehen; aber er fürchtete, sich durch jede Bewegung, durch seine Stimme zu verraten. Seine Angst steigerte sich, als der Räuber von einem Briefe sprach, den er schreiben sollte.

Wie sollte er schreiben? Welche Titel dem Grafen geben, welche Form dem Briefe, ohne sich zu verraten?

Seine Angst stieg aber aufs höchste, als der Anführer der Räuber Papier und Feder vor ihn hinlegte, ihn bat, den Schleier zurückzuschlagen und zu schreiben.

Felix wußte nicht, wie hübsch ihm die Tracht paßte, in welche er gekleidet war; hätte er es gewußt, er würde sich vor einer Entdeckung nicht im mindesten gefürchtet haben. Denn als er endlich notgedrungen den Schleier zurückschlug, schien der Herr in Uniform, betroffen von der Schönheit der Dame und ihren etwas männlichen, mutigen Zügen, sie nur noch ehrfurchtsvoller zu betrachten. Dem klaren Blick des jungen Goldschmieds entging dies nicht; getrost, daß wenigstens in diesem gefährlichen Augenblick keine Entdeckung zu fürchten sei, ergriff er die Feder und schrieb an seinen vermeintlichen Gemahl nach einer Form, wie er sie einst in einem alten Buche gelesen; er schrieb:

„Mein Herr und Gemahl!

Ich unglückliche Frau bin auf meiner Reise mitten in der Nacht plötzlich angehalten worden, und zwar von Leuten, welchen ich keine gute Absicht zutrauen kann. Sie werden mich solange zurückhalten, bis Sie, Herr Graf, die Summe von 20 000 Gulden für mich niedergelegt haben.

Die Bedingung ist dabei, daß Sie nicht im mindesten über die Sache sich bei der Obrigkeit beschweren noch ihre Hilfe nachsuchen, daß Sie das Geld durch einen einzelnen Mann in die Waldschenke im Spessart schicken; widrigenfalls ist mir mit längerer und harter Gefangenschaft gedroht.

Es fleht Sie um schleunige Hilfe an

Ihre unglückliche Gemahlin."

Er reichte den merkwürdigen Brief dem Anführer der Räuber, der ihn durchlas und billigte. „Es kommt nun ganz auf Ihre Bestimmung an", fuhr er fort, „ob Sie Ihre Kammerfrau oder Ihren Jäger zur Begleitung wählen werden. Die eine dieser Personen werde ich mit dem Briefe an Ihren Herrn Gemahl zurückschicken."

„Der Jäger 'und dieser Herr hier werden mich begleiten", antwortete Felix.

„Gut", entgegnete jener, indem er an die Türe ging und die Kammerfrau herbeirief, „so unterrichten Sie diese Frau, was sie zu tun habe!"

Die Kammerfrau erschien mit Zittern und Beben. Auch Felix erblaßte, wenn er bedachte, wie leicht er sich auch jetzt wieder verraten könnte. Doch ein unbegreiflicher Mut, der ihn in jenen gefährlichen Augenblicken stärkte, gab ihm auch jetzt wieder seine Reden ein. „Ich habe dir nichts weiter aufzutragen", sprach er, „als daß du den Grafen bittest, mich sobald als möglich aus dieser unglücklichen Lage zu reißen."

„Und", fuhr der Räuber fort, „daß Sie dem Herrn Grafen aufs genaueste und ausdrücklichste empfehlen, daß er alles verschweige und nichts gegen uns unternehme, bis seine Gemahlin in seinen Händen ist. Unsere Kundschafter würden uns bald genug davon unterrichten, und ich möchte dann für nichts stehen."

Die zitternde Kammerfrau versprach alles. Es wurde ihr noch befohlen, einige Kleidungsstücke und Linnenzeug für die Frau Gräfin in ein Bündel zu packen, weil man sich nicht mit vielem Gepäcke beladen könne, und als dies geschehen war, forderte der Anführer der Räuber die Dame mit einer Verbeugung auf, ihm zu folgen. Felix stand auf, der Jäger und der Student folgten ihm, und alle drei stiegen, begleitet von dem Anführer der Räuber, die Treppe hinab.

Vor der Waldschenke standen viele Pferde; eines wurde dem Jäger angewiesen, ein anderes, ein schönes kleines Tier, mit einem Damensattel versehen, stand für die Gräfin bereit, ein drittes gab man dem Studenten. Der Hauptmann hob den jungen Goldschmied in den Sattel, schnallte ihn fest und bestieg dann selbst sein Roß. Er stellte sich zur Rechten der Dame auf, zur Linken hielt einer der Räuber; auf gleiche Weise waren auch der Jäger und der Student umgeben. Nachdem sich auch die übrige Bande zu Pferde gesetzt hatte, gab der Anführer mit einer helltönenden Pfeife das Zeichen zum Aufbruch, und bald war die ganze Schar im Walde verschwunden.

Die Gesellschaft, die im oberen Zimmer versammelt war, erholte sich nach diesem Auftritt allmählich von ihrem Schrecken. Sie wären, wie es nach großem Unglück oder plötzlicher Gefahr zu geschehen pflegt, vielleicht sogar heiter gewesen, hätte sie nicht der Gedanke an ihre drei Gefährten beschäftigt, die man vor ihren Augen hinweggeführt hatte. Sie brachen in Bewunderung des jungen Goldschmieds aus, und die Gräfin vergoß Tränen der Rührung, wenn sie bedachte, daß sie einem Menschen so unendlich viel zu verdanken habe, dem sie nie zuvor Gutes getan, den sie nicht einmal kannte. Ein Trost war es für alle, daß der heldenmütige Jäger und der wackere Student ihn begleitet hatten, konnten sie ihn doch trösten, wenn sich der junge Mann unglücklich fühlte, ja, der Gedanke lag nicht gar zu ferne, daß der verschlagene Waidmann vielleicht Mittel zu ihrer Flucht finden könnte. Sie berieten sich noch miteinander, was zu tun sei. Die Gräfin beschloß, da ja sie kein Schwur gegen den Räuber binde, sogleich zu ihrem Gemahl zurückzureisen und alles aufzubieten, den Aufenthalt der Gefangenen zu entdecken, sie zu befreien; der Fuhrmann versprach, nach Aschaffenburg zu reiten und die Gerichte zur Verfolgung der Räuber anzurufen. Der Zirkelschmied aber wollte seine Reise fortsetzen.

Die Reisenden wurden in der Nacht nicht mehr beunruhigt; Totenstille herrschte in der Waldschenke, die noch vor kurzem der Schauplatz so schrecklicher Szenen gewesen war. Als aber am Morgen die Bediensteten der Gräfin zu der Wirtin hinabgingen, um alles zur Abfahrt fertig zu machen, kehrten sie schnell zurück und berichteten, daß sie die Wirtin und ihr Gesinde in elendem Zustande gefunden hätten; sie lägen gebunden in der Schenke und flehten um Beistand.

Die Reisenden sahen sich bei dieser Nachricht erstaunt an. „Wie?“ rief der Zirkelschmied, „so sollten diese Leute dennoch unschuldig sein? So hätten wir ihnen unrecht getan, und sie ständen nicht im Einverständnis mit den Räubern?“

„Ich lasse mich aufhängen statt ihrer“, erwiderte der Fuhrmann, „wenn wir nicht dennoch recht hatten. Dies alles ist nur Betrug, um nicht überwiesen werden zu können. Erinnert ihr euch nicht der verdächtigen

Mienen dieser Wirtschaft? Erinnert ihr euch nicht, als ich hinabgehen wollte, wie mich der abgerichtete Hund nicht losließ, wie die Wirtin und der Hausknecht sogleich erschienen und mürrisch fragten, was ich denn noch zu tun hätte? Doch sie sind unser, wenigstens der Frau Gräfin Glück. Hätte es in der Schenke weniger verdächtig ausgesehen, hätte uns die Wirtin nicht so mißtrauisch gemacht, wir wären nicht zusammengestanden, wären nicht wach geblieben. Die Räuber hätten uns überfallen im Schlafe, hätten zum wenigsten unsere Türe bewacht, und diese Verwechslung des braven jungen Burschen wäre nimmer möglich geworden."

Sie stimmten mit der Meinung des Fuhrmanns alle überein und beschlossen, auch die Wirtin und ihr Gesinde bei der Obrigkeit anzugeben. Doch um sie desto sicherer zu machen, wollten sie sich jetzt nichts merken lassen. Die Bediensteten und der Fuhrmann gingen daher hinab in das Schenkzimmer, lösten die Bande der Diebeshehler auf und bezeugten sich so mitleidig und bedauernd als möglich. Um ihre Gäste noch mehr zu versöhnen, machte die Wirtin nur eine kleine Rechnung für jeden und lud sie ein, recht bald wiederzukommen.

Der Fuhrmann zahlte seine Zeche, nahm von seinen Leidensgenossen Abschied und fuhr seine Straße. Nach diesem machten sich die beiden Handwerksburschen auf den Weg. So leicht das Bündel des Goldschmieds war, so drückte es doch die zarte Dame nicht wenig. Aber noch viel schwerer wurde ihr ums Herz, als unter der Haustüre die Wirtin ihre verbrecherische Hand hinstreckte, um Abschied zu nehmen. „Ei, was seid Ihr doch ein junges Blut", rief sie beim Abschied des zarten Jungen, „noch so jung und schon in die Welt hinaus! Ihr seid gewiß ein verdorbenes Kräutlein, das der Meister aus der Werkstatt jagte. Nun, was geht es mich an, schenket mir die Ehre bei der Heimkehr, glückliche Reise!"

Die Gräfin wagte vor Angst und Beben nicht zu antworten, sie fürchtete, sich durch ihre zarte Stimme zu verraten. Der Zirkelschmied merkte es, nahm seinen Gefährten unter den Arm, sagte der Wirtin ade und stimmte ein lustiges Lied an, während er dem Walde zuschnitt.

„Jetzt erst bin ich in Sicherheit!“ rief die Gräfin, als sie etwa hundert Schritte entfernt waren. „Noch immer glaubte ich, die Frau werde mich erkennen und durch ihre Knechte festnehmen. Oh, wie will ich euch allen danken! Kommet auch Ihr auf mein Schloß, Ihr müßt doch Euern Reisegenossen bei mir wieder abholen.“

Der Zirkelschmied sagte zu, und während sie noch sprachen, kam der Wagen der Gräfin ihnen nachgefahren; schnell wurde die Türe geöffnet, die Dame schlüpfte hinein, grüßte den jungen Handwerksburschen noch einmal, und der Wagen fuhr weiter.

Um dieselbe Zeit hatten die Räuber und ihre Gefangenen den Lagerplatz der Bande erreicht. Sie waren durch eine ungebahnte Waldstraße im schnellsten Trab weggeritten; mit ihren Gefangenen wechselten sie kein Wort, auch unter sich flüsterten sie nur zuweilen, wenn die Richtung des Weges sich veränderte.

Vor einer tiefen Waldschlucht machte man endlich halt. Die Räuber saßen ab, und ihr Anführer hob den Goldarbeiter vom Pferd, indem er sich für den harten und eiligen Ritt entschuldigte und fragte, ob doch die gnädige Frau nicht gar zu sehr angegriffen sei.

Felix antwortete ihm so zierlich als möglich, daß er sich nach Ruhe sehne, und der Hauptmann bot ihm den Arm, ihn in die Schlucht zu fuhren.

Es ging einen steilen Abhang hinab; der Fußpfad, welcher hinunterführte, war so schmal und abschüssig, daß der Anführer oft seine Dame unterstützen mußte, um sie vor der Gefahr, hinabzustürzen, zu bewahren. Endlich langte man unten an. Felix sah vor sich beim matten Schein des anbrechenden Morgens ein enges, kleines Tal von höchstens hundert Schritten im Umfang, das tief in einem Kessel hoch hinanstrebender Felsen lag. Etwa sechs bis acht kleine Hütten waren in dieser Schlucht aus Brettern und abgehauenen Bäumen aufgebaut. Einige schmutzige Weiber schauten neugierig aus diesen Höhlen hervor, und ein Rudel von zwölf großen Hunden und ihren unzähligen Jungen umsprang heulend und bellend die Ankommenden. Der Hauptmann führte die vermeintliche Gräfin in die beste dieser Hütten und sagte ihr, diese sei ausschließlich zu ihrem Gebrauch bestimmt; auch erlaubte er auf Felix' Verlangen, daß der Jäger und der Student zu ihm gelassen wurden.

Die Hütte war mit Rehfellen und Matten ausgelegt, die zugleich zum Fußboden und Sitze dienen mußten. Einige Krüge und Schüsseln, aus Holz geschnitzt, eine alte Jagdflinte und in der hintersten Ecke ein Lager, aus ein paar Brettern gezimmert und mit wollenen Decken bekleidet, welchem man den Namen eines Bettes nicht geben konnte, waren die einzigen Geräte dieses gräflichen Palastes. Jetzt erst, allein gelassen in dieser elenden Hütte, hatten die drei Gefangenen Zeit, über ihre sonderbare Lage nachzudenken. Felix, der zwar seine edelmütige Handlung keinen Augenblick bereute, aber doch für seine Zukunft im Falle einer Entdeckung bange war, wollte sich in lauten Klagen Luft machen; der Jäger aber rückte ihm schnell näher und flüsterte ihm zu: „Sei um Gottes willen stille, lieber Junge; glaubst du denn nicht, daß man uns behorcht?“

„Aus jedem Wort, aus dem Ton deiner Sprache könnten sie Verdacht schöpfen“, setzte der Student hinzu. Dem armen Felix blieb nichts übrig, als stille zu weinen.

„Glaubt mir, Herr Jäger“, sagte er, „ich weine nicht aus Angst vor diesen Räubern oder aus Furcht vor dieser elenden Hütte; nein, es ist ein ganz anderer Kummer, der mich drückt. Wie leicht kann die Gräfin vergessen, was ich ihr schnell noch sagte, und dann hält man mich für einen Dieb, und ich bin elend auf immer!“

„Aber was ist es denn, was dich so ängstigt?“ fragte der Jäger, verwundert über das Benehmen des jungen Menschen, der sich bisher so mutig und stark betragen hatte.

„Höret zu, und ihr werdet mir recht geben“, antwortete Felix. „Mein Vater war ein geschickter Goldarbeiter in Nürnberg, und meine Mutter hatte früher bei einer vornehmen Frau gedient als Kammerfrau, und als sie meinen Vater heiratete, wurde sie von der Gräfin, welcher sie gedient hatte, trefflich ausgestattet. Diese blieb meinen Eltern immer gewogen, und als ich auf die Welt kam, wurde sie meine Pate und beschenkte mich reichlich. Aber als meine Eltern bald nacheinander an einer Seuche starben und ich ganz allein und verlassen in der Welt stand und ins Waisenhaus gebracht werden sollte, da vernahm die Frau Pate unser Unglück, nahm sich meiner an und gab mich in ein Erziehungshaus; und als ich alt genug war, schrieb sie mir, ob ich nicht des Vaters Gewerbe lernen wollte. Ich war froh darüber und sagte zu, und so gab sie mich meinem Meister in Würzburg in die Lehre. Ich hatte Geschick zur Arbeit und brachte es bald so weit, daß mir der Lehrbrief ausgestellt wurde und ich auf die Wanderschaft mich rüsten konnte. Dies schrieb ich der Frau Pate, und flugs antwortete sie, daß sie das Geld zur Wanderschaft gebe. Dabei schickte sie prachtvolle Steine mit und verlangte, ich solle sie fassen zu einem schönen Geschmeide, ich solle dann solches als Probe meiner Geschicklichkeit selbst überbringen und das Reisegeld in Empfang nehmen. Meine Frau Pate habe ich in meinem Leben nicht gesehen, und ihr könnet denken, wie ich mich auf sie freute. Tag und Nacht arbeitete ich an dem Schmuck, er wurde so schön und zierlich, daß selbst der Meister darüber erstaunte. Als es fertig war, packte ich alles sorgfältig auf den Boden meines Ränzels, nahm Abschied vom Meister und wanderte meine Straße nach dem Schlosse der Frau Pate. Da kamen", fuhr er in Tränen ausbrechend fort, „diese schändlichen Menschen und zerstörten all meine Hoffnung. Denn wenn Eure Frau Gräfin den Schmuck verliert oder vergißt, was ich ihr sagte, und das schlechte Ränzchen wegwirft, wie soll ich dann vor meine gnädige Frau Pate treten? Mit was soll ich mich ausweisen? Woher die Steine ersetzen? Und das Reisegeld ist dann auch verloren, und ich erscheine als ein undankbarer Mensch, der anvertrautes Gut so leichtfertig weggegeben. Und am Ende –; wird man mir glauben, wenn ich den wunderbaren Vorfall erzähle?"

„Über das letztere seid getrost!" erwiderte der Jäger. „Ich glaube nicht, daß bei der Gräfin Euer Schmuck verlorengehen kann; und wenn auch, so wird sie sicherlich ihn ihrem Retter wieder erstatten und ein Zeugnis über diese Vorfälle ausstellen. Wir verlassen Euch jetzt auf einige Stunden; denn wahrhaftig, wir brauchen Schlaf, und nach den Anstrengungen dieser Nacht werdet Ihr ihn auch nötig haben. Nachher laßt uns im Gespräch unser Unglück auf Augenblicke vergessen oder, besser noch, auf unsere Flucht denken!“

Sie gingen; Felix blieb allein zurück und versuchte, dem Rat des Jägers zu folgen.

Als nach einigen Stunden der Jäger mit dem Studenten zurückkam, fand er seinen jungen Freund gestärkter und munterer als zuvor. Er erzählte dem Goldschmied, daß ihm der Hauptmann alle Sorgfalt für die Dame empfohlen habe, und in wenigen Minuten werde eines der Weiber, die sie unter den Hütten gesehen hatten, der gnädigen Gräfin Kaffee bringen und ihre Dienste zur Aufwartung anbieten. Sie beschlossen, um ungestört zu sein, diese Gefälligkeit nicht anzunehmen, und als das alte, häßliche Zigeunerweib kam, das Frühstück versetzte und mit grinsender Freundlichkeit fragte, ob sie nicht sonst noch zu Diensten sein könnte, winkte ihr Felix zu gehen, und als sie noch zauderte, scheuchte sie der Jäger aus der Hütte. Der Student erzählte dann weiter, was sie sonst noch von dem Lager der Räuber gesehen. „Die Hütte, die Ihr bewohnt, schönste Frau Gräfin“, sprach er, „scheint ursprünglich für den Hauptmann bestimmt. Sie ist nicht so geräumig, aber schöner als die übrigen. Außer dieser sind noch sechs andere da, in welchen die Weiber und Kinder wohnen; denn von den Räubern sind selten mehr als sechs zu Hause. Einer steht nicht weit von dieser Hütte Wache, der andere unten am Weg in der Höhe, und ein dritter hat den Lauerposten oben am Eingang in die Schlucht. Von zwei zu zwei Stunden werden sie von den drei übrigen abgelöst. Jeder hat überdies zwei große Hunde neben sich liegen, und sie alle sind so wachsam, daß man keinen Fuß aus der Hütte setzen kann, ohne daß sie anschlagen. Ich habe keine Hoffnung, daß wir uns durchstehlen können.“

„Machet mich nicht traurig, ich bin nach dem Schlummer mutiger geworden“, entgegnete Felix, „gebet nicht alle Hoffnung auf, und fürchtet Ihr Verrat, so lasset uns lieber jetzt von etwas anderem reden und nicht lange voraus schon kummervoll sein! Herr Student, in der Schenke habt

Ihr angefangen, etwas zu erzählen, fahret jetzt fort; denn wir haben Zeit zum Plaudern."

„Kann ich mich doch kaum erinnern, was es war", antwortete der junge Mann.

„Ihr erzähltet die Sage von dem kalten Herz und seid stehengeblieben, wie der Wirt und der andere Spieler den Kohlenpeter aus der Türe werfen."

„Gut, jetzt entsinne ich mich wieder", entgegnete er, „nun, wenn ihr weiter hören wollet, will ich fortfahren": Das kalte Herz II

*

Das kalte Herz

Zweite Abteilung

Als Peter am Montagmorgen in seine Glashütte ging, da waren nicht nur seine Arbeiter da, sondern auch andere Leute, die man nicht gerne sieht, nämlich der Amtmann und drei Gerichtsdiener. Der Amtmann wünschte Peter einen guten Morgen, fragte, wie er geschlafen, und zog dann ein langes Register heraus, und darauf waren Peters Gläubiger verzeichnet. „Könnt Ihr zahlen oder nicht?" fragte der Amtmann mit strengem Blick. „Und macht es nur kurz, denn ich habe nicht viel Zeit zu versäumen, und in den Turm ist es drei gute Stunden." Da verzagte Peter, gestand, daß er nichts mehr habe, und überließ es dem Amtmann, Haus und Hof, Hütte und Stall, Wagen und Pferde zu schätzen; und als die Gerichtsdiener und der Amtmann umhergingen und prüften und schätzten, dachte er, bis zum Tannenbühl ist's nicht weit, hat mir der *Kleine* nicht geholfen, so will ich es einmal mit dem *Großen* versuchen. Er lief dem Tannenbühl zu, so schnell, als ob die Gerichtsdiener ihm auf den Fersen wären, es war ihm, als er an dem Platz vorbeirannte, wo er das Glasmännlein zuerst gesprochen, als halte ihn eine unsichtbare Hand auf, aber er riß sich los und lief weiter bis an die Grenze, und kaum hatte er „Holländer-Michel,

Herr Holländer-Nüchel!" gerufen, als auch schon der riesengroße Flözer mit seiner Stange vor ihm stand.

„Kommst du?" sprach dieser lachend, „haben sie dir die Haut abziehen und deinen Gläubigern verkaufen wollen? Nu, sei ruhig! Dein ganzer Jammer kommt, wie gesagt, von dem kleinen Glasmännlein, von dem Separatisten und Frömmler her. Wenn man schenkt, muß man gleich recht schenken, und nicht wie dieser Knauser. Doch komm, folge mir in mein Haus; dort wollen wir sehen, ob wir *handelseinig* werden."

„Handelseinig?" dachte Peter. „Was kann er denn von mir verlangen, was kann ich an ihn verhandeln? Soll ich ihm etwa dienen, oder was will er?" Sie gingen zuerst über einen steilen Waldsteig hinan und standen dann mit einemmal an einer dunklen, tiefen, abschüssigen Schlucht; Holländer-Michel sprang den Felsen hinab, wie wenn es eine sanfte Marmortreppe wäre; aber bald wäre Peter in Ohnmacht gesunken, denn als jener unten angekommen war, machte er sich so groß wie ein Kirchturm und reichte ihm einen Arm, so lang als ein Weberbaum, und eine Hand daran, so breit als der Tisch im Wirtshaus, und rief mit einer Stimme, die heraufschallte wie eine tiefe Totenglocke, „setz dich nur auf meine Hand und halte dich an den Fingern, so wirst du nicht fallen!" Peter tat zitternd, wie jener befohlen, nahm Platz auf der Hand und hielt sich am Daumen des Riesen.

Es ging weit und tief hinab, aber dennoch ward es zu Peters Verwunderung nicht dunkler, im Gegenteil, die Tageshelle schien sogar zuzunehmen in der Schlucht, aber er konnte sie lange in den Augen nicht ertragen. Der Holländer-Michel hatte sich, je weiter Peter herabkam, wieder kleiner gemacht und stand nun in seiner früheren Gestalt vor einem Haus, so gering oder gut, als es reiche Bauern auf dem Schwarzwald haben. Die Stube, worein Peter geführt wurde, unterschied sich durch nichts von den Stuben anderer Leute als dadurch, daß sie einsam schien.

Die hölzerne Wanduhr, der ungeheure Kachelofen, die breiten Bänke, die Gerätschaften auf den Gesimsen waren hier wie überall. Michel wies ihm einen Platz hinter dem großen Tisch an, ging dann hinaus und kam bald mit einem Krug Wein und Gläsern wieder. Er goß ein, und nun schwatzten sie, und Holländer-Michel erzählte von den Freuden der Welt, von fremden Ländern, schönen Städten und Flüssen, daß Peter, am Ende große Sehnsucht danach bekommend, dies auch offen dem Holländer sagte.

„Wenn du im ganzen Körper Mut und Kraft, etwas zu unternehmen, hattest, da konnten ein paar Schläge des dummen Herzens dich zittern machen; und dann die Kränkungen der Ehre, das Unglück, wozu soll sich ein vernünftiger Kerl um dergleichen bekümmern? Hast du's im Kopfe empfunden, als dich letzthin einer einen Betrüger und schlechten Kerl nannte? Hat es dir im Magen wehe getan, als der Amtmann kam, dich aus dem Haus zu werfen? Was, sag an, was hat dir wehe getan?“

„Mein Herz“, sprach Peter, indem er die Hand auf die pochende Brust preßte, denn es war ihm, als ob sein Herz sich ängstlich hin und her wendete.

„Du hast, nimm es mir nicht übel, hundert Gulden an schlechte Bettler und anderes Gesindel weggeworfen; was hat es dir genützt? Sie haben dir dafür Segen und einen gesunden Leib gewünscht; ja, bist du deswegen gesünder geworden? Um die Hälfte des verschleuderten Geldes hättest du einen Arzt gehalten. Segen, ja ein schöner Segen, wenn man ausgepfändet und ausgestoßen wird! Und was war es, das dich getrieben, in die Tasche zu fahren, so oft ein Bettelmann seinen zerlumpten Hut hinstreckte? Dein Herz, auch wieder dein Herz, und weder deine Augen noch deine Zunge, deine Arme noch deine Beine, sondern dein Herz; du hast dir es, wie man richtig sagt, zu sehr zu Herzen genommen.“

„Aber wie kann man sich denn angewöhnen, daß es nicht mehr so ist? Ich gebe mir jetzt alle Mühe, es zu unterdrücken, und dennoch pocht mein Herz und tut mir wehe.“

„Du freilich“, rief jener mit Lachen, „du armer Schelm, kannst nichts dagegen tun; aber gib mir das kaum pochende Ding, und du wirst sehen, wie gut du es dann hast.“

„Euch, mein Herz?“ schrie Peter mit Entsetzen, „da müßte ich ja sterben auf der Stelle! Nimmermehr!“

„Ja, wenn dir einer Eurer Herren Chirurgen das Herz aus dem Leibe operieren wollte, da müßtest du wohl sterben; bei mir ist dies ein anderes Ding; doch komm herein und überzeuge dich selbst!“ Er stand bei diesen Worten auf, öffnete eine Kammertüre und führte Peter hinein. Sein Herz zog sich krampfhaft zusammen, als er über die Schwelle trat; aber er achtete es nicht; denn der Anblick, der sich ihm bot, war sonderbar und überraschend. Auf mehreren Gesimsen von Holz standen Gläser, mit durchsichtiger Flüssigkeit gefüllt, und in jedem dieser Gläser lag ein Herz; auch waren an den Gläsern Zettel angeklebt und Namen darauf geschrieben, die Peter neugierig las; da war das Herz des Amtmanns in E, das Herz des dicken Ezechiel, das Herz des Tanzbodenkönigs, das Herz des Oberförsters; da waren sechs Herzen von Kornwucherern, acht von Werbeoffizieren, drei von Geldmaklern kurz, es war eine Sammlung der angesehensten Herzen in der Umgebung von zwanzig Stunden.

„Schau!“ sprach Holländer-Michel, „diese alle haben des Lebens Ängste und Sorgen weggeworfen, keines dieser Herzen schlägt mehr ängstlich und besorgt, und ihre ehemaligen Besitzer befinden sich wohl dabei, daß sie den unruhigen Gast aus dem Hause haben.“

„Aber was tragen sie denn jetzt dafür in der Brust?“ fragte Peter, den dies alles, was er gesehen, beinahe schwindeln machte.

„Dies“, antwortete jener und reichte ihm aus einem Schubfach ein steinernes Herz.

„So?“ erwiderte er und konnte sich eines Schauers, der ihm über die Haut ging, nicht erwehren. „Ein Herz von Marmelstein? Aber, horch einmal, Herr Holländer-Michel, das muß doch gar kalt sein in der Brust.“

„Freilich, aber ganz angenehm kühl. Warum soll denn ein Herz warm sein? im Winter nützt dir die Wärme nichts, da hilft ein guter Kirschgeist mehr als ein warmes Herz, und im Sommer, wenn alles schwül und heiß ist du glaubst nicht, wie dann ein solches Herz abkühlt. Und wie gesagt, weder Angst noch Schrecken, weder törichtes Mitleiden noch anderer Jammer pocht an solch ein Herz."

„Und das ist alles, was Ihr mir geben könnet?" fragte Peter unmutig, „ich hoff' auf Geld, und Ihr wollet mir einen Stein geben!"

„Nun, ich denke, an hunderttausend Gulden hättest du fürs erste genug. Wenn du es geschickt umtreibst, kannst du bald ein Millionär werden."

„Hunderttausend?" rief der arme Köhler freudig. „Nun, so poche doch nicht so ungestüm in meiner Brust! Wir werden bald fertig sein miteinander. Gut, Michel; gebt mir den Stein und das Geld, und die Unruh könnet Ihr aus dem Gehäuse nehmen!"

„Ich dachte es doch, daß du ein vernünftiger Bursche seiest", antwortete der Holländer, freundlich lächelnd, „komm, laß uns noch eins trinken, und dann will ich das Geld auszahlen." So setzten sie sich wieder in die Stube zum Wein, tranken und tranken wieder, bis Peter in einen tiefen Schlaf verfiel.

Kohlenmunk-Peter erwachte beim fröhlichen Schmettern eines Posthorns, und siehe da, er saß in einem schönen Wagen, fuhr auf einer breiten Straße dahin, und als er sich aus dem Wagen bog, sah er in blauer Ferne hinter sich den Schwarzwald liegen. Anfänglich wollte er gar nicht glauben, daß er es selbst sei, der in diesem Wagen sitze; denn auch seine Kleider waren gar nicht mehr dieselben, die er gestern getragen; aber er erinnerte sich doch an alles so deutlich, daß er endlich sein Nachsinnen aufgab und rief: „Der Kohlenmunk-Peter bin ich, das ist ausgemacht, und kein anderer."

Er wunderte sich über sich selbst, daß er gar nicht wehmütig werden konnte, als er jetzt zum erstenmal aus der stillen Heimat, aus den Wäldern, wo er so lange gelebt, auszog; selbst nicht, als er an seine Mutter dachte, die jetzt wohl hilflos und im Elend saß, konnte er eine Träne aus dem Auge pressen oder nur seufzen; denn es war ihm alles so gleichgültig. „Ach, freilich", sagte er dann, „Tränen und Seufzer, Heimweh und Wehmut kommen ja aus dem Herzen, und Dank dem Holländer-Michel das meine ist kalt und von Stein."

Er legte seine Hand auf die Brust, und es war ganz ruhig dort und rührte sich nichts. „Wenn er mit den Hunderttausenden so gut Wort hielt wie mit dem Herz, so soll es mich freuen", sprach er und fing an, seinen Wagen zu untersuchen. Er fand Kleidungsstücke von aller Art, wie er sie nur wünschen konnte, aber kein Geld. Endlich stieß er auf eine Tasche und fand viele tausend Taler in Gold und Scheinen auf Handlungshäuser in allen großen Städten. „Jetzt hab' ich's, wie ich's wollte", dachte er, setzte sich bequem in die Ecke des Wagens und fuhr in die weite Welt.

Er fuhr zwei Jahre in der Welt umher und schaute aus seinem Wagen links und rechts an den Häusern hinauf, schaute, wenn er anhielt, nichts als das Schild seines Wirtshauses an, lief dann in der Stadt umher und ließ sich die schönsten Merkwürdigkeiten zeigen. Aber es freute ihn nichts, kein Bild, kein Haus, keine Musik, kein Tanz; sein Herz von Stein nahm an nichts Anteil, und seine Augen, seine Ohren waren abgestumpft für alles Schöne. Nichts war ihm mehr geblieben als die Freude an Essen und Trinken und der Schlaf, und so lebte er, indem er ohne Zweck durch die Welt reiste, zu seiner Unterhaltung speiste und aus Langeweile schlief. Hier und da erinnerte er sich zwar, daß er fröhlicher, glücklicher gewesen sei, als er noch arm war und arbeiten mußte, um sein Leben zu fristen. Da hatte ihn jede schöne Aussicht ins Tal, Musik und Gesang hatten ihn ergötzt, da hatte er sich stundenlang auf die einfache Kost, die ihm die Mutter zu dem Meiler bringen sollte, gefreut. Wenn er so über die Vergangenheit nachdachte, so kam es ihm ganz sonderbar vor, daß er jetzt nicht einmal lachen konnte, und sonst hatte er über den kleinsten Scherz gelacht. Wenn andere lachten, so verzog er nur aus Höflichkeit den Mund, aber sein Herz lächelte nicht mit. Er fühlte dann, daß er zwar überaus ruhig sei; aber zufrieden fühlte er sich doch nicht. Es war nicht Heimweh oder Wehmut, sondern Öde, Überdruß, freudenloses Leben, was ihn endlich wieder zur Heimat trieb Als er von Straßburg herüberfuhr und den dunklen Wald seiner Heimat erblickte, als er zum erstenmal wieder jene kräftigen Gestalten, jene freundlichen, treuen Gesichter der Schwarzwälder sah, als sein Ohr die heimatlichen Klänge, stark, tief, aber wohltönend vernahm, da fühlte er schnell an sein Herz; denn sein Blut wallte stärker, und er glaubte, er rnüsse sich freuen und müsse weinen zugleich, aber wie konnte er nur so töricht sein, er hatte ja t, n Herz von Stein; und Steine sind tot und lächeln und weinen nicht.

Sein erster Gang war zum Holländer-Michel, der ihn mit alter Freundlichkeit aufnahm. „Michel , sagte er zu ihm, „gereist bin ich nun und habe alles gesehen, ist aber alles dummes Zeug, und ich hatte nur Langeweile. Überhaupt, Euer steinernes Ding, das ich in der Brust trage, schützt mich zwar vor manchem; ich erzürne mich nie, bin nie traurig; aber ich freue mich auch nie, und es ist mir, als wenn ich nur halb lebe. Könnet Ihr das Steinherz nicht ein wenig beweglicher machen? Oder gebt mir lieber mein altes Herz; ich hatte mich in fünfundzwanzig Jahren daran gewöhnt, und wenn es zuweilen auch einen dummen Streich machte, so war es doch munter und ein fröhliches Herz."

Der Waldgeist lachte grimmig und bitter: „Wenn du einmal tot bist, Peter Munk", antwortete er, „dann soll es dir nicht fehlen, dann sollst du dein weiches, rührbares Herz wieder haben, und du kannst dann fühlen, was kommt, Freud' oder Leid; aber hier oben kann es nicht mehr dein werden! Doch, Peter, gereist bist du wohl, aber, so wie du lebtest, konnte es dir nichts nützen Setze dich jetzt hier irgendwo im Wald, bau' ein Haus, heirate, treibe dein Vermögen um, es hat dir nur an Arbeit gefehlt, weil du müßig warst, hattest du Langeweile, und schiebst jetzt alles auf dieses unschuldige Herz." Peter sah ein, daß Michel recht habe, was den Müßiggang beträfe, und nahm sich vor, reich und immer reicher zu werden. Michel schenkte ihm noch einmal hunderttausend Gulden und entließ ihn als seinen guten Freund.

Bald vernahm man im Schwarzwald die Märe, der Kohlenmunk-Peter oder Spielpeter sei wieder da und noch viel reicher als zuvor. Es ging auch jetzt wie immer; als er am Bettelstab war, wurde er in *der Sonne* zur Türe hinausgeworfen, und als er jetzt an einem Sonntagnachmittag seinen ersten Einzug dort hielt, schüttelten sie ihm die Hand, lobten sein Pferd, fragten nach seiner Reise, und als er wieder mit dem dicken Ezechiel um harte Taler spielte, stand er in der Achtung so hoch als je.

Er trieb jetzt aber nicht mehr das Glashandwerk, sondern den Holzhandel, aber nur zum Schein. Sein Hauptgeschäft war, mit Korn und Geld zu handeln. Der halbe Schwarzwald wurde ihm nach und nach schuldig; aber er lieh Geld nur auf zehn Prozente aus oder verkaufte Korn an die Armen, die nicht gleich zahlen konnten, um den dreifachen Wert . Mit dem Amtmann stand er jetzt in enger Freundschaft, und wenn einer Herrn Peter Munk nicht auf den Tag bezahlte, so ritt der Amtmann mit seinen Schergen hinaus, schätzte Haus und Hof, verkaufte flugs und trieb Vater, Mutter und Kind in den Wald. Anfangs machte dies dem reichen Peter einige Unlust; denn die armen Ausgepfändeten belagerten dann haufenweise seine Türe, die Männer flehten um Nachsicht, die Weiber suchten das steinerne Herz zu erweichen, und die Kinder winselten um ein Stücklein Brot; aber als er sich ein paar tüchtige Fleischerhunde angeschafft hatte, hörte diese Katzenmusik, wie er es nannte, bald auf; er pfiff und hetzte, und die Bettelleute flogen schreiend auseinander. Am meisten Beschwerde machte ihm das „alte Weib". Das war aber niemand anders als Frau Munkin, Peters Mutter. Sie war in Not und Elend geraten, als man ihr Haus und Hof verkauft hatte, und ihr Sohn, als er reich zurückgekehrt war, hatte nicht mehr nach ihr umgesehen. Da kam sie nun zuweilen, alt, schwach und gebrechlich, an einem Stock vor das Haus. Hinein wagte sie sich nimmer, denn er hatte sie einmal weggejagt; aber es tat ihr wehe, von den Guttaten anderer Menschen leben zu müssen, da der eigene Sohn ihr ein sorgenloses Alter hätte bereiten können. Aber das kalte Herz wurde nimmer gerührt von dem Anblicke der bleichen, wohlbekannten Züge, von den bittenden Blicken, von der welken, ausgestreckten Hand, von der hinfälligen Gestalt; mürrisch zog er, wenn sie sonnabends an die Türe pochte, einen Sechsbätzner hervor, schlug ihn in ein Papier und ließ ihn hinausreichen durch einen Knecht. Er vernahm ihre zitternde Stimme, wenn sie dankte und wünschte, es möge ihm wohl gehen auf Erden, er hörte sie hüstelnd von der Türe schleichen, aber er dachte weiter nicht mehr daran, als daß er wieder sechs Batzen umsonst ausgegeben.

Endlich kam Peter auch auf den Gedanken zu heiraten. Er wußte, daß im ganzen Schwarzwald jeder Vater ihm gerne seine Tochter geben werde; aber er war schwierig in seiner Wahl; denn er wollte, daß man auch hierin sein Glück und seinen Verstand preisen sollte; daher ritt er umher im ganzen Wald, schaute hier, schaute dort, und keine der schönen Schwarzwälderinnen deuchte ihm schön genug. Endlich, nachdem er auf allen Tanzböden umsonst nach der Schönsten ausgeschaut hatte, hörte er eines Tages, die Schöne und Tugendsamste im ganzen Wald sei eines armen Holzbauers Tochter. Sie lebe still und für sich, besorge geschickt und emsig ihres Vaters Haus und lasse sich nie auf dem Tanzboden sehen, nicht einmal zu Pfingsten oder Kirmes. Als Peter von diesem Wunder des Schwarzwaldes hörte, beschloß er, um sie zu werben, und ritt nach der Hütte, die man ihm bezeichnet hatte. Der Vater der schönen Lisbeth empfing den vornehmen Herrn mit Staunen und erstaunte noch mehr, als er hörte, es sei dies der reiche Herr Peter und er wolle sein Schwiegersohn werden. Er besann sich auch nicht lange, denn er meinte, all seine Sorge und Armut werde nun ein Ende haben, sagte zu, ohne die schöne Lisbeth zu fragen, und das gute Kind war so folgsam, daß sie ohne Widerrede Frau Peter Munkin wurde.

Aber es wurde der Armen nicht so gut, als sie sich geträumt hatte. Sie glaubte ihr Hauswesen wohl zu verstehen, aber sie konnte Herrn Peter nichts zu Dank machen; sie hatte Mitleiden mit armen Leuten, und da ihr Eheherr reich war, dachte sie, es sei keine Sünde, einem armen Bettelweib einen Pfennig oder einem alten Mann einen Schnaps zu reichen; aber als Herr Peter dies eines Tages merkte, sprach er mit zürnenden Blicken und rauher Stimme: „Warum verschleuderst du mein Vermögen an Lumpen und Straßenläufer? Hast du was mitgebracht ins Haus, das du wegschenken könntest? Mit deines Vaters Bettelstab kann man keine Suppe wärmen, und wirfst das Geld aus wie eine Fürstin? Noch einmal laß dich betreten, so sollst du meine Hand fühlen!“ Die schöne Lisbeth weinte in ihrer Kammer über den harten Sinn ihres Mannes, und sie wünschte oft, lieber heim zu sein in ihres Vaters ärmlicher Hütte, als bei dem reichen, aber geizigen, hartherzigen Peter zu hausen. Ach, hätte sie gewußt, daß er ein Herz von Marmor habe und weder sie noch irgendeinen Menschen lieben könne, so hätte sie sich wohl nicht gewundert. So oft sie aber jetzt unter der Türe saß, und es ging ein Bettelmann vorüber und zog den Hut und hub an seinen Spruch, so drückte sie die Augen zu, das Elend nicht zu schauen, sie ballte die Hand fester, damit sie nicht unwillkürlich in die Tasche fahre, ein Kreuzerlein herauszulangen. So kam es, daß die schöne Lisbeth im ganzen Wald verschrien wurde und es hieß, sie sei noch geiziger als Peter Munk. Aber eines Tages saß Frau Lisbeth wieder vor dem Haus und spann und murmelte ein Liedchen dazu; denn sie war munter, weil es schönes Wetter und Herr Peter ausgeritten war über Feld. Da kommt ein altes Männlein des Weges daher, das trägt einen großen, schweren Sack, und sie hört es schon von weitem keuchen. Teilnehmend sieht ihm Frau Lisbeth zu und denkt, einem so alten, kleinen Mann sollte man nicht mehr so schwer aufladen.

Indes keucht und wankt das Männlein heran, und als es gegenüber von Frau Lisbeth war, brach es unter dem Sacke beinahe zusammen. „Ach, habt die Barmherzigkeit, Frau, und reichet mir nur einen Trunk Wasser!“ sprach das Männlein. „Ich kam nicht weiter, muß elend verschmachten.“

„Aber Ihr solltet in Eurem Alter nicht mehr so schwer tragen“, sagte Frau Lisbeth.

„Ja, wenn ich nicht Boten gehen müßte, der Armut halber und um mein Leben zu fristen“, antwortete er, „ach, so eine reiche Frau wie Ihr weiß nicht, wie wehe Armut tut und wie wohl ein frischer Trunk bei solcher Hitze.“

Als sie dies hörte, eilte sie in das Haus, nahm einen Krug vom Gesims und füllte ihn mit Wasser; doch als sie zurückkehrte und nur noch wenige Schritte von ihm war und das Männlein sah, wie es so elend und verkümmert auf dem Sack saß, da fühlte sie inniges Mitleid, bedachte, daß ja ihr Mann nicht zu Hause sei, und so stellte sie den Wasserkrug beiseite, nahm einen Becher und füllte ihn mit Wein, legte ein gutes Roggenbrot darauf und brachte es dem Alten. „So, und ein Schluck Wein mag Euch besser frommen als Wasser, da Ihr schon so gar alt seid“, sprach sie, „aber trinket nicht so hastig und esset auch Brot dazu!“

Das Männlein sah sie staunend an, bis große Tränen in seinen alten Augen standen; es trank und sprach dann: „Ich bin alt geworden, aber ich hab' wenige Menschen gesehen, die so mitleidig wären und ihre Gaben so schön und herzlich zu spenden wüßten wie Ihr, Frau Lisbeth. Aber es wird Euch dafür auch recht wohl gehen auf Erden; solch ein Herz bleibt nicht unbelohnt.“

„Nein, und den Lohn soll sie zur Stelle haben“, schrie eine schreckliche Stimme, und als sie sich umsahen, war es Herr Peter mit blutrotem Gesicht.

„Und sogar meinen Ehrenwein gießest du aus an Bettelleute, und meinen Mundbecher gibst du an die Lippen der Straßenläufer? Da, nimm deinen Lohn!“ Frau Lisbeth stürzte zu seinen Füßen und bat um Verzeihung; aber das steinerne Herz kannte kein Mitleid, er drehte die Peitsche um, die er in der Hand hielt, und schlug sie mit dem Handgriff von Ebenholz so heftig vor die schöne Stirne, daß sie leblos dem alten Mann in die Arme sank. Als er dies sah, war es doch, als reute ihn die Tat auf der Stelle; er bückte sich herab, zu schauen, ob noch Leben in ihr sei, aber das Männlein sprach mit wohlbekannter Stimme: „Gib dir keine Mühe, Kohlenpeter; es war die schönste und lieblichste Blume im Schwarzwald, aber du hast sie zertreten, und nie mehr wird sie wieder blühen.“

Da wich alles Blut aus Peters Wangen, und er sprach: „Also Ihr seid es, Herr Schatzhauser? Nun, was geschehen ist, ist geschehen, und es hat wohl so kommen müssen. Ich hoffe aber, Ihr werdet mich nicht bei dem Gericht anzeigen als Mörder.“

„Elender!“ erwiderte das Glasmännlein. „Was würde es mir frommen, wenn ich deine sterbliche Hülle an den Galgen brächte? Nicht irdische Gerichte sind es, die du zu fürchten hast, sondern andere und strengere; denn du hast deine Seele an den Bösen verkauft.“

„Und hab' ich mein Herz verkauft", schrie Peter, „so ist niemand daran schuld als du und deine betrügerischen Schätze; du tückischer Geist hast mich ins Verderben geführt, mich getrieben, daß ich bei einem anderen Hilfe suchte, und auf dir liegt die ganze Verantwortung."

Aber kaum hatte er dies gesagt, so wuchs und schwoll das Glasmännlein und wurde hoch und breit, und seine Augen sollen so groß gewesen sein wie Suppenteller, und sein Mund war wie ein geheizter Backofen, und Flammen blitzten daraus hervor. Peter warf sich auf die Knie, und sein steinernes Herz schützte ihn nicht, daß nicht seine Glieder zitterten wie eine Espe. Mit Geierskrallen packte ihn der Waldgeist im Nacken, drehte ihn um, wie ein Wirbelwind dürres Laub, und warf ihn dann zu Boden, daß ihm alle Rippen knackten. „Erdenwurm!" rief er mit einer Stimme, die wie der Donner rollte, „ich könnte dich zerschmettern, wenn ich wollte; denn du hast gegen den Herrn des Waldes gefrevelt. Aber um dieses toten Weibes willen, die mich gespeist und getränkt hat, gebe ich dir acht Tage Frist. Bekehrst du dich nicht zum Guten, so komme ich und zermalme dein Gebein, und du fährst hin in deinen Sünden."

Es war schon Abend, als einige Männer, die vorbeigingen, den reichen Peter Munk an der Erde liegen sahen. Sie wandten ihn hin und her und suchten, ob noch Atem in ihm sei; aber lange war ihr Suchen vergebens . Endlich ging einer in das Haus und brachte Wasser herbei und besprengte ihn. Da holte Peter tief Atem, stöhnte und schlug die Augen auf, schaute lange um sich her und fragte dann nach Frau Lisbeth; aber keiner hatte sie gesehen. Er dankte den Männern für ihre Hilfe, schlich sich in sein Haus und suchte überall; aber Frau Lisbeth war weder im Keller noch auf dem Boden, und das, was er für einen schrecklichen Traum gehalten, war bittere Wahrheit. Wie er nun so ganz allein war, da kamen ihm sonderbare Gedanken; er fürchtete sich vor nichts, denn sein Herz war ja kalt; aber wenn er an den Tod seiner Frau dachte kam ihm sein eigenes Hinscheiden in den Sinn, und wie belastet er dahinfahren werde, schwer belastet mit Tränen der Armen, mit tausend ihrer Flüche, die sein Herz nicht erweichen konnten, mit dem Jammer der Elenden, auf die er seine Hunde gehetzt, belastet mit der stillen Verzweiflung seiner Mutter, mit dem Blute der schönen, guten Lisbeth; und konnte er doch nicht einmal dem alten Mann, ihrem Vater, Rechenschaft geben, wenn er käme und fragte: „Wo ist meine Tochter, dein Weib?“ Wie wollte er einem anderen Frage stehen, dem alle Wälder, alle Seen, alle Berge gehören und die Leben der Menschen?

Es quälte ihn auch nachts im Traume, und alle Augenblicke wachte er auf an einer süßen Stimme, die ihm zurief: „Peter, schaff dir ein wärmeres Herz!“ Und wenn er erwacht war, schloß er doch schnell wieder die Augen, denn der Stimme nach mußte es Frau Lisbeth sein, die ihm leise diese Warnung zurief.

Den anderen Tag ging er ins Wirtshaus, um seine Gedanken zu zerstreuen, und dort traf er den dicken Ezechiel. Er setzte sich zu ihm, sie sprachen dies und jenes, vom schönen Wetter, vom Krieg, von den Steuern und endlich auch vom Tod und wie da und dort einer so schnell gestorben sei. Da fragte Peter den Dicken, was er denn vom Tod halte, und wie es nachher sein werde. Ezechiel antwortete ihm, daß man den Leib begrabe, die Seele aber fahre entweder auf zum Himmel oder hinab in die Hölle.

„Also begräbt man das Herz auch?“ fragte der Peter gespannt.

„Ei freilich, das wird auch begraben.“

„Wenn aber einer sein Herz nicht mehr hat?“ fuhr Peter fort.

Ezechiel sah ihn bei diesen Worten schrecklich an. „Was willst du damit sagen? Willst du mich foppen? Meinst du, ich habe kein Herz?“

„Oh, Herz genug, so fest wie Stein“, erwiderte Peter. Ezechiel sah ihn verwundert an, schaute sich um, ob es niemand gehört habe, und sprach dann: „Woher weißt du es? Oder pocht vielleicht das deinige auch nicht mehr?“

„Pocht nicht mehr, wenigstens nicht hier in meiner Brust!“ antwortete Peter Munk. „Aber sag mir, da du jetzt weißt, was ich meine, wie wird es gehen mit *unseren* Herzen?“

„Was kümmert dich dies, Gesell?“ fragte Ezechiel lachend. „Hast ja auf Erden vollauf zu leben und damit genug. Das ist ja gerade das Bequeme in unseren kalten Herzen, daß uns keine Furcht befällt vor solchen Gedanken.“

„Wohl wahr, aber man denkt doch daran, und wenn ich auch jetzt keine Furcht mehr kenne, so weiß ich doch wohl noch, wie sehr ich mich vor der Hölle gefürchtet, als ich noch ein kleiner, unschuldiger Knabe war.“

„Nun gut wird es uns gerade nicht gehen“, sagte Ezechiel. „Hab' mal einen Schulmeister darüber gefragt, der sagte mir, daß nach dem Tod die Herzen gewogen werden, wie schwer sie sich versündigt hätten. Die leichten steigen auf, die schweren sinken hinab, und ich denke, unsere Steine werden ein gutes Gewicht haben.“

„Ach, freilich“, erwiderte Peter, „und es ist mir oft selbst unbequem, daß mein Herz so teilnahmslos und ganz gleichgültig ist, wenn ich an solche Dinge denke.“

So sprachen sie; aber in der nächsten Nacht hörte er fünf oder sechsmal die bekannte Stimme in sein Ohr lispeln: „Peter, schaff dir ein wärmeres Herz!“

Er empfand keine Reue, daß er sie getötet, aber wenn er dem Gesinde sagte, seine Frau sei verreist, so dachte er immer dabei: „Wohin mag sie wohl gereist sein?“ Sechs Tage hatte er es so getrieben, und immer hörte er nachts diese Stimme, und immer dachte er an den Waldgeist und seine schreckliche Drohung; aber am siebenten Morgen sprang er auf von seinem Lager und rief: „Nun ja, will sehen, ob ich mir ein wärmeres schaffen kann; denn der gleichgültige Stein in meiner Brust macht mir das Leben nur langweilig und öde.“ Er zog schnell seinen Sonntagsstaat an und setzte sich auf sein Pferd und ritt dem Tannenbühl zu.

Im Tannenbühl, wo die Bäume dichter standen, saß er ab, band sein Pferd an und ging schnellen Schrittes dem Gipfel des Hügels zu, und als er vor der dicken Tanne stand, hub er seinen Spruch an:

„Schatzhauser im grünen Tannenwald,
Bist viele hundert Jahre alt,
Dein ist all' Land, wo Tannen stehen,
Läßt dich nur Sonntagskindern sehen."

Da kam das Glasmännlein hervor, aber nicht freundlich und traulich wie sonst, sondern düster und traurig; es hatte ein Röcklein an von schwarzem Glas, und ein langer Trauerflor flatterte herab vom Hut, und Peter wußte wohl, um wen er trauerte.

„Was willst du von mir, Peter Munk?" fragte es mit dumpfer Stimme.

„Ich hab' noch einen Wunsch, Herr Schatzhauser", antwortete Peter mit niedergeschlagenen Augen.

„Können Steinherzen noch wünschen?" sagte jener. „Du hast alles, was du für deinen schlechten Sinn bedarfst, und ich werde schwerlich deinen Wunsch erfüllen."

„Aber Ihr habt mir doch drei Wünsche zugesagt; einen hab' ich immer noch übrig."

„Doch kann ich ihn versagen, wenn er töricht ist", fuhr der Waldgeist fort, „aber wohlan, ich will hören, was du willst."

„So nehmet mir den toten Stein heraus und gebet mir mein lebendiges Herz", sprach Peter.

„Hab' ich den Handel mit dir gemacht?" fragte das Glasmännlein, „bin ich der Holländer-Michel, der Reichtum und kalte Herzen schenkt? Dort, bei ihm mußt du dein Herz suchen."

„Ach, er gibt es nimmer zurück", antwortete Peter.

„Du dauerst mich, so schlecht du auch bist", sprach das Männlein nach einigem Nachdenken . „Aber weil dein Wunsch nicht töricht ist, so kann ich dir wenigstens meine Hilfe nicht versagen. So höre. Dein Herz kannst du mit keiner Gewalt mehr bekommen, wohl aber durch List, und es wird vielleicht nicht schwerhalten; denn Michel bleibt doch nur der dumme Michel, obgleich er sich ungemein klug dünkt. So gehe denn geradewegs zu ihm hin und tue, wie ich dich heiße!“ Und nun unterrichtete er ihn in allem und gab ihm ein Kreuzlein aus reinem Glas: „Am Leben kann er dir nicht schaden, und er wird dich frei lassen, wenn du ihm dies vorhalten und dazu beten wirst. Und hast du denn, was du verlangt hast, erhalten, so komm wieder zu mir an diesen Ort!“

Peter Munk nahm das Kreuzlein, prägte sich alle Worte ins Gedächtnis und ging weiter nach Holländer-Michels Behausung. Er rief dreimal seinen Namen, und alsobald stand der Riese vor ihm. „Du hast dein Weib erschlagen?“ fragte er ihn mit schrecklichem Lachen. „Hätt' es auch so gemacht; sie hat dein Vermögen an das Bettelvolk gebracht. Aber du wirst auf einige Zeit außer Landes gehen müssen, denn es wird Lärm machen, wenn man sie nicht findet; und du brauchst wohl Geld und kommst, um es zu holen?“

„Du hast's erraten“, erwiderte Peter, „und nur recht viel diesmal, denn nach Amerika ist's weit.“

Michel ging voran und brachte ihn in seine Hütte; dort schloß er eine Truhe auf, worin viel Geld lag, und langte ganze Rollen Gold heraus. Während er es so auf den Tisch hinzählte, sprach Peter: „Du bist ein loser Vogel, Michel, daß du mich belogen hast, ich hätte einen Stein in der Brust und du habest mein Herz!“

„Und ist es denn nicht so?“ fragte Michel staunend. „Fühlst du denn dein Herz? Ist es nicht kalt wie Eis? Hast du Furcht oder Gram, kann dich etwas reuen?“

„Du hast mein Herz nur stillstehen lassen, aber ich hab' es noch wie sonst in meiner Brust, und Ezechiel auch, der hat es mir gesagt, daß du uns angelogen hast; du bist nicht der Mann dazu, der einem das Herz so unbemerkt und ohne Gefahr aus der Brust reißen könnte; da müßtest du zaubern können.“

„Aber ich versichere dir“, rief Michel unmutig, „du und Ezechiel und alle reichen Leute, die es mit mir gehalten, haben solche kalten Herzen wie du, und ihre rechten Herzen habe ich hier in meiner Kammer.“

„Ei, wie dir das Lügen von der Zunge geht!“ lachte Peter. „Das mach du einem anderen weis! Meinst du, ich hab' auf meinen Reisen nicht solche Kunststücke zu Dutzenden gesehen? Aus Wachs nachgeahmt sind deine Herzen hier in der Kammer. Du bist ein reicher Kerl, das geb' ich zu; aber zaubern kannst du nicht.“

Da ergrimmte der Riese und riß die Kammertüre auf. „Komm herein und lies die Zettel alle, und jenes dort, schau, das ist Peter Munks Herz; siehst du, wie es zuckt? Kann man das auch aus Wachs machen?“

„Und doch ist es aus Wachs“, antwortete Peter. „So schlägt ein rechtes Herz nicht; ich habe das meinige noch in der Brust. Nein, zaubern kannst du nicht!“

„Aber ich will es dir beweisen!“ rief jener ärgerlich. „Du sollst es selbst fühlen, daß dies dein Herz ist.“ Er nahm es, riß Peters Wams auf und nahm einen Stein aus seiner Brust und zeigte ihn vor. Dann nahm er das Herz, hauchte es an und setzte es behutsam an seine Stelle, und alsobald fühlte Peter, wie es pochte, und er konnte sich wieder darüber freuen.

„Wie ist es dir jetzt?“ fragte Michel lächelnd.

„Wahrhaftig, du hast doch recht gehabt“, antwortete Peter, indem er behutsam sein Kreuzlein aus der Tasche zog. „Hätt' ich doch nicht geglaubt, daß man dergleichen tun könne!“ „Nicht wahr? Und zaubern kann ich, das siehst du; aber komm, jetzt will ich dir den Stein wieder hineinsetzen.“

„Gemach, Herr Michel!“ rief Peter, trat einen Schritt zurück und hielt ihm das Kreuzlein entgegen. „Mit Speck fängt man Mäuse, und diesmal bist du der Betrogene.“ Und zugleich fing er an zu beten, was ihm nur beifiel.

Da wurde Michel kleiner und immer kleiner, fiel nieder und wand sich hin und her wie ein Wurm und ächzte und stöhnte, und alle Herzen umher fingen an zu zucken und zu pochen, daß es tönte wie in der Werkstatt eines Uhrmachers. Peter aber fürchtete sich, und es wurde ihm ganz unheimlich zumut, er rannte zur Kammer und zum Haus hinaus und klimmte, von Angst getrieben, die Felsenwand hinan; denn er hörte, daß Michel sich aufraffte, stampfte und tobte und ihm schreckliche Flüche nachschickte. Als er oben war, lief er dem Tannenbühl zu; ein schreckliches Gewitter zog auf, Blitze fielen links und rechts an ihm nieder und zerschmetterten die Bäume, aber er kam wohlbehalten in dem Revier des Glasmännleins an.

Sein Herz pochte freudig, und nur darum, weil es pochte. Dann aber sah er mit Entsetzen auf sein Leben zurück wie auf das Gewitter, das hinter ihm rechts und links den schönen Wald zersplitterte. Er dachte an Frau Lisbeth, sein schönes, gutes Weib, das er aus Geiz gemordet, er kam sich selbst wie der Auswurf der Menschen vor, und er weinte heftig, als er an Glasmännleins Hügel kam.

Der Schatzhauser saß schon unter dem Tannenbaum und rauchte aus einer kleinen Pfeife; doch sah er munterer aus als zuvor. „Warum weinst du, Kohlenpeter?“ fragte er. „Hast du dein Herz nicht erhalten? Liegt noch das kalte in deiner Brust?“

„Ach, Herr!“ seufzte Peter, „als ich noch das kalte Steinherz trug, da weinte ich nie, meine Augen waren so trocken wie das Land im Juli; jetzt aber will es mir beinahe das alte Herz zerbrechen, was ich getan! Meine Schuldner habe ich ins Elend gejagt, auf Arme und Kranke die Hunde gehetzt, und Ihr wißt es ja selbst wie meine Peitsche auf ihre schöne Stirne fiel!“ „Peter! Du warst ein großer Sünder!“ sprach das Männlein. „Das Geld und der Müßiggang haben dich verdorben, bis dein Herz zu Stein wurde, nicht Freud', nicht Leid, keine Reue, kein Mitleid mehr kannte. Aber Reue versöhnt, und wenn ich nur wüßte, daß dir dein Leben recht leid tut, so könnte ich schon noch was für dich tun.“

„Will nichts mehr“, antwortete Peter und ließ traurig sein Haupt sinken. „Mit mir ist es aus, kann mich mein Lebtag nicht mehr freuen; was soll ich so allein auf der Welt tun? Meine Mutter verzeiht mir nimmer, was ich ihr getan, und vielleicht hab' ich sie unter den Boden gebracht, ich Ungeheuer! Und Lisbeth, meine Frau! Schlaget mich lieber auch tot, Herr Schatzhauser; dann hat mein elend Leben mit einmal ein Ende.“

„Gut", erwiderte das Männlein, „wenn du nicht anders willst, so kannst du es haben; meine Axt habe ich bei der Hand." Er nahm ganz ruhig sein Pfeiflein aus dem Mund, klopfte es aus und steckte es ein. Dann stand er langsam auf und ging hinter die Tannen. Peter aber setzte sich weinend ins Gras, sein Leben war ihm nichts mehr, und er erwartete geduldig den Todesstreich. Nach einiger Zeit hörte er leise Tritte hinter sich und dachte: „Jetzt wird er kommen."

„Schau dich noch einmal um, Peter Munk!" rief das Männlein. Er wischte sich die Tränen aus den Augen und schaute sich um und sah seine Mutter und Lisbeth, seine Frau, die ihn freundlich anblickten.

Da sprang er freudig auf: „So bist du nicht tot, Lisbeth; und auch Ihr seid da, Mutter, und habt mir vergeben?"

„Sie wollen dir verzeihen", sprach das Glasmännlein, „weil du wahre Reue fühlst, und alles soll vergessen sein. Zieh jetzt heim in deines Vaters Hütte und sei ein Köhler wie zuvor; bist du brav und bieder, so wirst du dein Handwerk ehren, und deine Nachbarn werden dich mehr lieben und achten, als wenn du zehn Tonnen Goldes hättest." So sprach das Glasmännlein und nahm Abschied von ihnen.

Die drei lobten und segneten es und gingen heim.

Das prachtvolle Haus des reichen Peters stand nicht mehr; der Blitz hatte es angezündet und mit all seinen Schätzen niedergebrannt; aber nach der väterlichen Hütte war es nicht weit; dorthin ging jetzt ihr Weg, und der große Verlust bekümmerte sie nicht.

Aber wie staunten sie, als sie an die Hütte kamen! Sie war zu einem schönen Bauernhaus geworden, und alles darin war einfach, aber gut und reinlich.

„Das hat das gute Glasmännlein getan!" rief Peter.

„Wie schön!" sagte Frau Lisbeth. „Und hier ist mir viel heimischer als in dem großen Haus mit dem vielen Gesinde."

Von jetzt an wurde Peter Munk ein fleißiger und wackerer Mann. Er war zufrieden mit dem, was er hatte, trieb sein Handwerk unverdrossen, und so kam es, daß er durch eigene Kraft wohlhabend wurde und angesehen und beliebt im ganzen Wald. Er zankte nie mehr mit Frau Lisbeth, ehrte seine Mutter und gab den Armen, die an seine Türe pochten. Als nach Jahr und Tag Frau Lisbeth von einem schönen Knaben genas, ging Peter nach dem Tannenbühl und sagte sein Sprüchlein. Aber das Glasmännlein zeigte sich nicht. „Herr Schatzhauser!" rief er laut, „hört mich doch; ich will ja nichts anderes, als Euch zu Gevatter bitten bei meinem Söhnlein!" Aber es gab keine Antwort; nur ein kurzer Windstoß sauste durch die Tannen und warf einige Tannenzapfen herab ins Gras. „So will ich dies zum Andenken mitnehmen, weil Ihr Euch doch nicht sehen lassen wollet", rief Peter, steckte die Zapfen in die Tasche und ging nach Hause; aber als er zu Hause das Sonntagswams auszog und seine Mutter die Taschen umwandte und das Wams in den Kasten legen wollte, da fielen vier stattliche Geldrollen heraus, und als man sie öffnete, waren es lauter gute, neue badische Taler, und kein einziger falscher darunter. Und das war das Patengeschenk des Männleins im Tannenwald für den kleinen Peter.

So lebten sie still und unverdrossen fort, und noch oft nachher, als Peter Munk schon graue Haare hatte, sagte er: „Es ist doch besser, zufrieden zu sein mit wenigem, als Gold und Güter haben und ein *kaltes Herz*."

*

Es mochten etwa schon fünf Tage vergangen sein, während Felix, der Jäger und der Student noch immer unter den Räubern gefangen saßen. Sie wurden zwar von dem Hauptmann und seinen Untergebenen gut behandelt, aber dennoch sehnten sie sich nach Befreiung, denn je mehr die Zeit fortrückte, desto höher stieg auch ihre Angst vor Entdeckung. Am Abend des fünften Tages erklärte der Jäger seinen Leidensgenossen, daß er entschlossen sei, in dieser Nacht loszubrechen, und wenn es ihn auch das Leben kosten sollte. Er munterte seine Gefährten zum gleichen Entschluß auf und zeigte ihnen, wie sie ihre Flucht ins Werk setzen könnten. „Den, der uns zunächst steht, nehme ich auf mich; es ist Notwehr, und Not kennt kein Gebot, er muß sterben."

„Sterben!" rief Felix entsetzt. „Ihr wollt ihn totschlagen?"

„Das bin ich fest entschlossen, wenn es darauf ankommt, zwei Menschenleben zu retten. Wisset, daß ich die Räuber mit besorglicher Miene habe flüstern hören, im Wald werde nach ihnen gestreift, und die alten Weiber verrieten in ihrem Zorn die böse Absicht der Bande; sie schimpften auf uns und gaben zu verstehen, wenn die Räuber angegriffen würden, so müßten wir ohne Gnade sterben."

„Gott im Himmel!" schrie der Jüngling entsetzt und verbarg sein Gesicht in die Hände.

„Noch haben sie uns das Messer nicht an die Kehle gesetzt", fuhr der Jäger fort, „drum laßt uns ihnen zuvorkommen! Wenn es dunkel ist, schleiche ich auf die nächste Wache zu; sie wird anrufen; ich werde ihm zuflüstern, die Gräfin sei plötzlich sehr krank geworden, und indem er sich umsieht, stoße ich ihn nieder. Dann hole ich Euch ab, junger Mann, und der zweite kann uns ebensowenig entgehen; und beim dritten haben wir zu zweit leichtes Spiel."

Der Jäger sah bei diesen Worten so schrecklich aus, daß Felix sich vor ihm fürchtete. Er wollte ihn bereden, von diesem blutigen Gedanken abzustehen, als die Türe leise aufging und schnell eine Gestalt hereinschlüpfte. Es war der Hauptmann. Behutsam schloß er wieder zu und winkte den beiden Gefangenen, sich ruhig zu verhalten. Er setzte sich neben Felix nieder und sprach:

„Frau Gräfin, Ihr seid in schlimmer Lage. Euer Herr Gemahl hat nicht Wort gehalten, er hat nicht nur das Lösegeld nicht geschickt, sondern er hat auch die Regierungen umher aufgeboten; bewaffnete Mannschaft streift von allen Seiten durch den Wald, um mich und meine Leute auszuheben. Ich habe Eurem Gemahl gedroht, Euch zu töten, wenn er Miene macht, uns anzugreifen; doch es muß ihm entweder an Eurem Leben wenig liegen, oder er traut unseren Schwüren nicht. Euer Leben ist in unserer Hand, ist nach unseren Gesetzen verwirkt. Was wollet Ihr dagegen einwenden?“

Bestürzt sahen die Gefangenen vor sich nieder, sie wußten nicht zu antworten, denn Felix erkannte wohl, daß ihn das Geständnis über seine Verkleidung nur noch mehr in Gefahr setzen könnte.

Es ist mir unmöglich“, fuhr der Hauptmann fort, „eine Dame, die meine vollkommene Achtung hat, also in Gefahr zu sehen. Darum will ich Euch einen Vorschlag zur Rettung machen, es ist der einzige Ausweg, der Euch übrig bleibt: *Ich will mit Euch entfliehen.*“

„Erstaunt, überrascht blickten ihn beide an; er aber sprach weiter: „Die Mehrzahl meiner Gesellen ist entschlossen, nach Italien zu ziehen und unter einer weitverbreiteten Bande Dienste zu nehmen. Mir für meinen Teil behagt es nicht, unter einem anderen zu dienen, und darum werde ich keine gemeinschaftliche Sache mit ihnen machen. Wenn Ihr mir nun Euer Wort geben wolltet, Frau Gräfin, für mich gutzusprechen, Eure mächtigen Verbindungen zu meinem Schutze anzuwenden, so kann ich Euch noch freimachen, ehe es zu spät ist.“

Felix schwieg verlegen; sein redliches Herz sträubte sich, den Mann, der ihm das Leben retten wollte, geflissentlich einer Gefahr auszusetzen, vor welcher er ihn nachher nicht schützen könnte. Als er noch immer schwieg, fahr der Hauptmann fort: „Man sucht gegenwärtig überall Soldaten; ich will mit dem geringsten Dienst zufrieden sein. Ich weiß, daß Ihr viel vermöget; aber ich will ja nichts weiter als Euer Versprechen, etwas für mich in dieser Sache zu tun.“

„Nun denn“, antwortete Felix mit niedergeschlagenen Augen, „ich verspreche Euch, was *ich* tun kann, was in *meinen* Kräften steht, anzuwenden, um Euch nützlich zu sein. Liegt doch, wie es Euch ergehe, ein Trost für mich darin, daß Ihr diesem Räuberleben Euch selbst freiwillig entzogen habt.“

Gerührt küßte der Hauptmann die Hand dieser gütigen Dame, flüsterte ihr noch zu, sich zwei Stunden nach Anbruch der Nacht bereitzuhalten, und verließ dann ebenso vorsichtig, wie er gekommen war, die Hütte. Die

Gefangenen atmeten freier, als er hinweggegangen war. „Wahrlich!" rief der Jäger, „dem hat Gott das Herz gelenkt! Wie wunderbar sollen wir errettet werden! Hätte ich mir träumen lassen, daß in der Welt noch etwas dergleichen geschehen könnte und daß mir ein solches Abenteuer begegnen sollte?"

„Wunderbar, allerdings!" erwiderte Felix. „Aber habe ich auch recht getan, diesen Mann zu betrügen? Was kann ihm mein Schutz frommen? Saget selbst, Jäger, heißt es ihn nicht an den Galgen locken, wenn ich ihm nicht gestehe, wer ich bin?" „Ei, wie mögt Ihr solche Skrupel haben, lieber Junge!" entgegnete der Student. „Nachdem Ihr Eure Rolle so meisterhaft gespielt! Nein, darüber dürft Ihr Euch nicht ängstigen, das ist nichts anderes als erlaubte Notwehr. Hat er doch den Frevel begangen, eine angesehene Frau schändlicherweise von der Straße hinwegführen zu wollen, und wäret Ihr nicht gewesen, wer weiß, wie es um das Leben der Gräfin stände? Nein, Ihr habt nicht unrecht getan; übrigens glaube ich, er wird bei den Gerichten sich einen Stein im Brett gewinnen, wenn er, das Haupt dieses Gesindels, sich selbst ausliefert."

Dieser letztere Gedanke tröstete den jungen Goldschmied. Freudig bewegt und doch wieder voll banger Besorgnis über das Gelingen des Planes durchlebten sie die nächsten Stunden. Es war schon dunkel, als der Hauptmann auf einen Augenblick in die Hütte trat, ein Bündel Kleider niederlegte und sprach: „Frau Gräfin, um unsere Flucht zu erleichtern, müßt Ihr notwendig diese Männerkleidung anlegen. Machet Euch fertig! In einer Stunde treten wir den Marsch an."

Nach diesen Worten verließ er die Gefangenen, und der Jäger hatte Mühe, nicht laut zu lachen. „Das wäre nun die zweite Verkleidung" rief er, „und ich wollte schwören, diese steht Euch noch besser als die erste!"

Sie öffneten das Bündel und fanden ein hübsches Jagdkleid mit allem Zubehör, das Felix trefflich paßte. Nachdem er sich gerüstet, wollte der Jäger die Kleider der Gräfin in einen Winkel der Hütte werfen, Felix gab es aber nicht zu; er legte sie zu einem kleinen Bündel zusammen und äußerte, er wolle die Gräfin bitten, sie ihm zu schenken, und sie dann sein ganzes Leben hindurch zum Andenken an diese merkwürdigen Tage aufbewahren.

Endlich kam der Hauptmann. Er war vollständig bewaffnet und brachte dem Jäger die Büchse, die man ihm abgenommen, und ein Pulverhorn. Auch dem Studenten gab er eine Flinte, und Felix reichte er einen Hirschfänger, mit der Bitte, ihn auf den Fall der Not umzuhängen. Es war ein Glück für die drei, daß es sehr dunkel war; denn leicht hätten die leuchtenden Blicke, womit Felix diese Waffe empfing, dem Räuber seinen wahren Stand verraten können. Als sie behutsam aus der Hütte getreten waren, bemerkte der Jäger, daß der gewöhnliche Posten an der Hütte diesmal nicht besetzt sei. So war es möglich, daß sie unbemerkt an den Hütten vorbeischleichen konnten; doch schlug der Hauptmann nicht den gewöhnlichen Pfad ein, der aus der Schlucht in den Wald hinausführte, sondern er näherte sich einem Felsen, der ganz senkrecht und, wie es schien, unzugänglich vor ihnen lag. Als sie dort angekommen waren, machte der Hauptmann auf eine Strickleiter aufmerksam, die an dem Felsen herabgespannt war. Er warf seine Büchse auf den Rücken und stieg zuerst hinan; dann rief er der Gräfin zu, ihm zu folgen, und bot ihr die Hand zur Hilfe, der Jäger stieg zuletzt herauf. Hinter diesem Felsen zeigte sich ein Fußpfad, den sie einschlugen und rasch vorwärts gingen.

„Dieser Fußpfad“, sprach der Hauptmann, „führt nach der Aschaffenburger Straße. Dorthin wollen wir uns begeben; denn ich habe genau erfahren, daß Ihr Gemahl, der Graf, sich gegenwärtig dort aufhält.“

Schweigend zogen sie weiter, der Räuber immer voran, die drei anderen dicht hinter ihm. Nach drei Stunden hielten sie an; der Hauptmann lud Felix ein, sich auf einen Baumstamm zu setzen, um auszuruhen. Er zog Brot, eine Feldflasche mit altem Wein hervor und bot es den Ermüdeten an. „Ich glaube, wir werden, ehe eine Stunde vergeht, auf den Kordon stoßen, den das Militär durch den Wald gezogen hat. In diesem Fall bitte ich Sie, mit dem Anführer der Soldaten zu sprechen und gute Behandlung für mich zu verlangen.“

Felix sagte auch dies zu, obwohl er sich von seiner Verwendung geringen Erfolg versprach. Sie ruhten noch eine halbe Stunde und brachen dann auf. Sie mochten etwa wieder eine Stunde gegangen sein und näherten sich schon der Landstraße; der Tag fing an heraufzukommen, und die Dämmerung verbreitete sich schon im Wald, als ihre Schritte plötzlich durch ein lautes: „Halt! Steht!“ gefesselt wurden. Sie hielten, und fünf Soldaten rückten gegen sie vor und bedeuteten ihnen, sie müßten folgen und vor dem kommandierenden Major sich über ihre Reise ausweisen. Als sie noch etwa fünfzig Schritte gegangen waren, sahen sie links und rechts im Gebüsch Gewehre blitzen, eine große Schar schien den Wald besetzt zu haben. Der Major saß mit mehreren Offizieren und anderen Männern unter einer Eiche. Als die Gefangenen vor ihn gebracht wurden und er eben anfangen wollte, sie zu examinieren über das „Woher“ und „Wohin“, sprang einer der Männer auf und rief: „Mein Gott, was sehe ich? Das ist ja Gottfried, unser Jäger!“

„Jawohl, Herr Amtmann!“ antwortete der Jäger mit freudiger Stimme, „da bin ich, und wunderbar gerettet aus der Hand des schlechten Gesindels.“

Die Offiziere erstaunten, ihn hier zu sehen; der Jäger aber bat den Major und den Amtmann, mit ihm auf die Seite zu treten, und erzählte in kurzen Worten, wie sie errettet worden und wer der dritte sei, welcher ihn und den jungen Goldschmied begleitete.

Erfreut über diese Nachricht, traf der Major sogleich seine Maßregeln, den wichtigen Gefangenen weiter transportieren zu lassen; den jungen Goldschmied aber führte er zu seinen Kameraden, stellte ihn als den heldenmütigen Jüngling vor, der die Gräfin durch seinen Mut und seine Geistesgegenwart gerettet habe, und alle schüttelten Felix freudig die Hand, lobten ihn und konnten nicht satt werden, sich von ihm und dem Jäger ihre Schicksale erzählen zu lassen.

Indessen war es völlig Tag geworden. Der Major beschloß, die Befreiten selbst bis in die Stadt zu begleiten; er ging mit ihnen und dem Amtmann der Gräfin in das nächste Dorf, wo sein Wagen stand, und dort mußte sich

Felix zu ihm in den Wagen setzen; der Jäger, der Student, der Amtmann und viele andere Leute ritten vor und hinter ihnen, und so zogen sie im Triumph der Stadt zu. Wie ein Lauffeuer hatte sich das Gerücht von dem Überfall in der Waldschenke, von der Aufopferung des jungen Goldarbeiters in der Gegend verbreitet, und ebenso reißend ging jetzt die Sage von seiner Befreiung von Mund zu Mund. Es war daher nicht zu verwundern, daß in der Stadt, wohin sie zogen, die Straßen gedrängt voll Menschen standen, die den jungen Helden sehen wollten. Alles drängte sich zu, als der Wagen langsam hereinfuhr. „Das ist er", riefen sie, „seht ihr ihn dort im Wagen neben dem Offizier! Es lebe der brave Goldschmiedsjunge!" Und ein tausendstimmiges „Hoch!" füllte die Lüfte.

Felix war beschämt, gerührt von der rauschenden Freude der Menge. Aber noch ein rührenderer Anblick stand ihm auf dem Rathause der Stadt bevor. Ein Mann von mittleren Jahren, in reichen Kleidern, empfing ihn an der Treppe und umarmte ihn mit Tränen in den Augen. „Wie kann ich dir vergelten, mein Sohn!" rief er. „Du hast mir viel gegeben, als ich nahe daran war, unendlich viel zu verlieren! Du hast mir die Gattin, meinen Kindern die Mutter gerettet; denn ihr zartes Leben hätte die Schrecken einer solchen Gefangenschaft nicht ertragen." Es war der Gemahl der Gräfin, der diese Worte sprach. So sehr sich Felix sträuben mochte, einen Lohn für seine Aufopferung zu bestimmen, so unerbittlich schien der Graf darauf bestehen zu wollen. Da fiel dem Jüngling das unglückliche Schicksal des Räuberhauptmanns ein; er erzählte, wie er ihn gerettet, wie diese Rettung eigentlich der Gräfin gegolten habe. Der Graf, gerührt nicht sowohl von der Handlung des Hauptmanns als von dem neuen Beweis einer edlen Uneigennützigkeit, den Felix durch die Wahl seiner Bitte ablegte, versprach, das Seinige zu tun, um den Räuber zu retten .

Noch an demselben Tag aber führte der Graf, begleitet von dem wackeren Jäger, den jungen Goldschmied nach seinem Schlosse, wo die Gräfin, noch immer besorgt um das Schicksal des jungen Mannes, der sich für sie geopfert, sehnsuchtsvoll auf Nachrichten wartete. Wer beschreibt ihre Freude, als ihr Gemahl, den Retter an der Hand, in ihr Zimmer trat? Sie fand kein Ende, ihn zu befragen, ihm zu danken; sie ließ ihre Kinder herbeibringen und zeigte ihnen den hochherzigen Jüngling, dem ihre Mutter so unendlich viel verdanke, und die Kleinen faßten seine Hände, und der zarte Sinn ihres kindlichen Dankes, ihre Versicherungen, daß er ihnen nach Vater und Mutter auf der ganzen Erde das Liebste sei, waren ihm die schönste Entschädigung für manchen Kummer, für die schlaflosen Nächte in der Hütte der Räuber.

Als die ersten Momente des frohen Wiedersehens vorüber waren, winkte die Gräfin einem Diener, welcher bald darauf jene Kleider und das wohlbekannte Ränzchen herbeibrachte, welche Felix der Gräfin in der Waldschenke überlassen hatte. „Hier ist alles“, sprach sie mit gütigem Lächeln, „was Ihr mir in jenen furchtbaren Augenblicken gegeben; es ist der Zauber, womit Ihr mich umhüllt habt, um meine Verfolger mit Blindheit zu schlagen. Es steht Euch wieder zu Diensten; doch will ich Euch den Vorschlag machen, diese Kleider, die ich zum Andenken an Euch aufbewahren möchte, mir zu überlassen und zum Tausch dafür die Summe anzunehmen, welche die Räuber zum Lösegeld für mich bestimmten.“

Felix erschrak über die Größe dieses Geschenkes; sein edler Sinn sträubte sich, einen Lohn für das anzunehmen, was er aus freiem Willen getan. „Gnädige Frau“, sprach er bewegt, „ich kann dies nicht gelten lassen. Die Kleider sollen Euer sein, wie Ihr es befehlet; jedoch die Summe, von der Ihr sprechet, kann ich nicht annehmen. Doch, weil ich weiß, daß Ihr mich durch irgend etwas belohnen wollet, so erhaltet mir Eure Gnade statt anderen Lohnes, und sollte ich in den Fall kommen, Eurer Hilfe zu bedürfen, so könnt Ihr darauf rechnen, daß ich Euch darum bitten werde.“ Noch lange drang man in den jungen Mann; aber nichts konnte seinen Sinn ändern. Die Gräfin und ihr Gemahl gaben endlich nach, und schon wollte der Diener die Kleider und das Ränzchen wieder wegtragen, als Felix sich an das Geschmeide erinnerte, das er im Gefühl so vieler freudiger Szenen ganz vergessen hatte.

„Halt!“ rief er. „Nur etwas müßt Ihr mir noch aus meinem Ränzchen zu nehmen erlauben, gnädige Frau; das übrige ist dann ganz und völlig Euer.“

„Schaltet nach Belieben“, sprach sie, „obgleich ich gerne alles zu Eurem Gedächtnis behalten hätte, so nehmet nur, was Ihr etwa davon nicht entbehren wollet! Doch, wenn man fragen darf, was liegt Euch denn so sehr am Herzen, daß Ihr es mir nicht überlassen möget?“

Der Jüngling hatte während dieser Worte sein Ränzchen geöffnet und ein Kästchen von rotem Saffian herausgenommen. „Was mein ist, könnet Ihr alles haben“, erwiderte er lächelnd, „doch dies gehört meiner lieben Frau Pate; ich habe es selbst gefertigt und muß es ihr bringen. Es ist ein Schmuck, gnädige Frau“, fuhr er fort, indem er das Kästchen öffnete und ihr hinbot, „ein Schmuck, an welchem ich mich selbst versucht habe.“

Sie nahm das Kästchen; aber nachdem sie kaum einen Blick darauf geworfen, fuhr sie betroffen zurück.

„Wie? Diese Steine!“ rief sie. „Und für Eure Pate sind sie bestimmt, sagtet Ihr?“

„Jawohl“, antwortete Felix, „meine Frau Pate hat mir die Steine geschickt; ich habe sie gefaßt und bin auf dem Wege, sie selbst zu überbringen.“

Gerührt sah ihn die Gräfin an; Tränen drangen aus ihren Augen. „So bist du Felix Perner aus Nürnberg?“ rief sie.

„Jawohl! Aber woher wißt Ihr so schnell meinen Namen?“ fragte der Jüngling und sah sie bestürzt an.

„Oh, wundervolle Fügung des Himmels!“ sprach sie gerührt zu ihrem staunenden Gemahl. „Das ist ja Felix, unser Patchen, der Sohn unserer Kammerfrau Sabine! Felix! Ich bin es ja, zu der du kommen wolltest; so hast du deine Pate gerettet, ohne es zu wissen.“

„Wie? Seid denn Ihr die Gräfin Sandau, die so viel an mir und meiner Mutter getan? Und dies ist das Schloß Mayenburg, wohin ich wandern wollte? Wie danke ich dem gütigen Geschick, das mich so wunderbar mit Euch zusammentreffen ließ; so habe ich Euch doch durch die Tat, wenn auch in geringem Maße, meine große Dankbarkeit bezeugen können!“

„Du hast mehr an mir getan", erwiderte sie, „als ich je an dir hätte tun können; doch so lange ich lebe, will ich dir zu zeigen suchen, wie unendlich viel wir alle dir schuldig sind. Mein Gatte soll dein Vater, meine Kinder deine Geschwister und ich selbst will deine treue Mutter sein, und dieser Schmuck, der dich zu mir führte in der Stunde der höchsten Not, soll meine beste Zierde werden; denn er wird mich immer an dich und deinen Edelmut erinnern."

So sprach die Gräfin und hielt Wort. Sie unterstützte den glücklichen Felix auf seinen Wanderungen reichlich. Als er zurückkam als ein geschickter Arbeiter in seiner Kunst, kaufte sie ihm in Nürnberg ein Haus, richtete es vollständig ein, und ein nicht geringer Schmuck in seinem besten Zimmer waren schön gemalte Bilder, welche die Szenen in der Waldschenke und Felix' Leben unter den Räubern vorstellten.

Dort lebte Felix als ein geschickter Goldarbeiter; der Ruhm seiner Kunst verband sich mit der wunderbaren Sage von seinem Heldenmut und verschaffte ihm Kunden im ganzen Reiche. Viele Fremde, wenn sie durch die schöne Stadt Nürnberg kamen, ließen sich in die Werkstatt des berühmten Meisters Felix führen, um ihn zu sehen, zu bewundern, wohl auch ein schönes Geschmeide bei ihm zu bestellen. Die angenehmsten Besuche waren ihm aber der Jäger, der Zirkelschmied, der Student und der Fuhrmann. So oft der letztere von Würzburg nach Fürth fuhr, sprach er bei Felix ein; der Jäger brachte ihm beinahe alle Jahre Geschenke von der Gräfin, der Zirkelschmied aber ließ sich, nachdem er in allen Ländern umhergewandert war, bei Meister Felix nieder. Eines Tages besuchte sie auch der Student. Er war indessen ein bedeutender Mann im Staat geworden, schämte sich aber nicht, bei Meister Felix und dem Zirkelschmied ein Abendessen zu verzehren. Sie erinnerten sich an alle Szenen der Waldschenke; und der ehemalige Student erzählte, er habe den Räuberhauptmann in Italien wiedergesehen; er habe sich gänzlich gebessert und diene als braver Soldat dem König von Neapel.

Felix freute sich, als er dies hörte. Ohne diesen Mann wäre er zwar vielleicht nicht in jene gefährliche Lage gekommen, aber ohne ihn hätte er sich auch nicht aus Räuberhand befreien können. Und so geschah es, daß der wackere Meister Goldschmied nur friedliche und freundliche Erinnerungen hatte, wenn er zurückdachte an *das Wirtshaus im Spessart*.

*